AF818853

J. Schweitzer Verlag (Arthur Sellier) München.

In unserem Verlage erscheint seit dem Jahre 1891:

Bayerische Gemeindezeitung

Organ für alle Gemeindeangelegenheiten des rechtsrh. Bayern und der Pfalz.

Begründet von weil. Dr. Th. von Hauck, K. Oberstaatsanwalt am Verwaltungsgerichtshofe.

Herausgegeben von **Dr. Georg Schmidt**, K. Regierungsassessor im Staatsministerium des K. Hauses und des Äußern

unter ständiger Mitwirkung von

Dr. L. Menzinger
Rechtsrat in München,

K. Meinel
K. Reg.-Rat im K. Landes-Versich.-Amt,

J. Stelzer,
K. Rentamtmann in Schongau,

Th. von der Pfordten
K. Landgerichtsrat in München.

Organ des Verbandes bayerischer Arbeitsnachweise.

Jährlich 36 Nummern in Quartformat. Preis jährlich **Mk.** 8.— bei portofreier Zusendung.

Die „Bayerische Gemeindezeitung" stellt sich die Aufgabe — **fern von allem politischen Parteistreit** — lediglich die Fragen **der Selbstverwaltung** — des **Selbstverwaltungsrechts** — der **Gemeindefinanzen** — des **Gemeindedienstes** — der **Schule** und des **Kirchenwesens** — des **öffentl. Versicherungswesens** — der **Polizei** und der **Wohlfahrtseinrichtungen** in **leicht verständlicher Weise** zu erörtern, um dadurch den **Verwaltungs-** und **Gemeindebeamten** ihre schwierige und verantwortungsvolle Aufgabe zu erleichtern.

In einem **„Sprechsaale"** finden alle in den Rahmen der „Bayer. Gemeindezeitung" passenden Anfragen aus dem Kreise der Abonnenten **kostenlose, sachgemäße Beantwortung.**

Die früheren Jahrgänge werden zu einem bedeutend ermäßigten Preise abgegeben.

Probenummern werden auf Wunsch gerne kostenfrei übersandt.

Für jeden Abonnenten ist unentbehrlich das

Gesamtregister zu den Jahrgängen I—XII (1891—1902)

5 Bogen. Preis Mk. 1.50.

Gesetz über Einführung einer Besitzveränderungsabgabe für Gemeinden vom 15. Juni 1898.

Handausgabe mit Erläuterungen

von

Dr. W. Dennler,
K. Notar in Lauf.

München 1908
J. Schweitzer Verlag (Arthur Sellier).

Vorwort.

Von dem im vorwürfigen Gesetz gewährten Behelfe haben bereits zahlreiche Gemeinden Gebrauch gemacht. Nach dem Stande am Ende des Jahres 1907 erheben über 600 Gemeinden örtliche Besitzveränderungsabgaben, und die Gemeinden, die die Erhebung der Abgabe einführen, mehren sich stets.

Bei der Bedeutung, die das Gesetz für den Haushalt der Gemeinden und für die Finanzverwaltung überhaupt hat, dürfte eine besondere Ausgabe des Gesetzes angezeigt sein.

Die Erläuterungen des Gesetzes, mit dessen Auslegung sich das Oberste Landesgericht schon des öfteren beschäftigt hat, fußen naturgemäß in der Hauptsache auf der Rechtsprechung dieses Gerichtshofs.

Lauf, im März 1908.

Dr. Dennler.

Inhaltverzeichnis.

Berichtigung.

Auf Seite 14 Zeile 3 ist statt „fortgesetzten Gütergemeinschaft" zu lesen: „Gütergemeinschaft".

Auf Seite 43 ist bei Anm. 4 nach dem Worte „muß" das Wort „nicht" einzuschalten, und statt „4. Januar 1896, Samml Bd. 16 S. 5" zu lesen „3. November 1900, Sammlg. Bd. 1 S. 523".

Einleitung.

Das Gesetz über die Einführung einer Besitzveränderungsabgabe für die Gemeinden beruht auf einem Antrag der Abgeordneten Wolfram, Seyboth und Genossen.

Der Antrag wurde am 16. März 1898 an die Kammer der Abgeordneten gebracht (Verh. der Kammer der Abg. 1897/98, Beil. Bd. XV S. 367).

In der Hauptsache wurde der Antrag damit begründet, daß der Grundbesitz große Vorteile aus den gemeindlichen Anstalten und Einrichtungen ziehe, und daß es daher gerechtfertigt sei, ihn zu einer besonderen Steuer heranzuziehen und dadurch den Gemeinden neue Einnahmequellen zu eröffnen. Die Eröffnung solcher neuer Einnahmequellen wurde für notwendig erachtet, da die große Entwicklung der Städte, und zwar nicht bloß der Großstädte, sondern auch der mittleren und kleineren Städte zu einer ganz außerordentlichen Steigerung der gemeindlichen Ausgaben, namentlich für Kanalisation, Wasserleitung, Beleuchtungsanlagen, Schlachthäuser und ähnliche Einrichtungen geführt habe.

Der Antrag wurde in der Sitzung vom 23. März 1898 zur Vorberatung dem XVII. (besonderen) Ausschuß überwiesen (Verh. der Kammer der Abg., StenB. Bd. XI S. 709).

Der Ausschuß befürwortete den Antrag mit der einen Abänderung, daß er für die in Art. 114 Abs. I Ziff. 1 GebG. in der Fassung vom Jahre 1892 genannten Personen, also für die Verwandten oder Stiefverwandten in gerader Linie, für die Ehegatten und für die Geschwister Befreiung von der Besitzveränderungsabgabe vorsah, und demgemäß beantragte, nach den Worten des ersten Absatzes Satz 1 „im Gemeindebezirk gelegener Sachen" die im Antrag noch nicht enthaltenen Worte einzuschalten „soferne und soweit diese Veränderungen nicht unter den in Art. 114 Abs. I Ziff. 1 des Gebührengesetzes bezeichneten Personen erfolgen" (Verh. der Kammer der Abg., Beil. Bd. XVI S. 2).

Der Gesetzentwurf wurde von der Kammer der Abgeordneten in der Plenarsitzung vom 4. Mai 1898 durchberaten (Referent Kraußold) und in der ihm vom Ausschuß gegebenen Fassung einstimmig angenommen (Verh. der Kammer der Abg., StenB. Bd. XII S. 421—427).

In der Kammer der Reichsräte wurde der Antrag vom I. und III. Ausschuß vorberaten und in der Plenarsitzung vom 28. Mai 1898 (Referent Dr. Freiherr von Hertling) in der von der zweiten Kammer beschlossenen Fassung ebenfalls einstimmig angenommen (Verh. der Kammer der Reichsräte, Prot. Bd. VII S. 551 561).

Das Gesetz wurde am 15. Juni 1898 sanktioniert und in der Nr. 27 des GVBl. vom 15. Juni 1898 (S. 282) publiziert.

Zum Vollzug des Gesetzes wurden eine Bekanntmachung des K. Staatsministeriums der Finanzen vom 25. Juni 1898 (FinMBl. S. 291, JMBl. S. 197, MABl. S. 410) und eine Bekanntmachung des K. Staatsministeriums des Innern vom 2. Oktober 1898 (MABl. S. 570, JMBl. S. 607, FinMBl. S. 505) erlassen.

Des weiteren ist noch in Ergänzung des § 8 der vorerwähnten Bekanntmachung vom 25. Juni 1898 eine Bekanntmachung des K. Staatsministeriums der Finanzen vom 8. Januar 1906 (FinMBl. S. 39, abgedruckt auch im MABl. S. 90) ergangen.

I.

Gesetz vom 15. Juni 1898, die Einführung einer Besitzveränderungsabgabe für Gemeinden betreffend.

(GVBl. 1898 S. 292.)

Im Namen Seiner Majestät des Königs

Luitpold

von Gottes Gnaden Königlicher Prinz von Bayern

Regent.

Wir haben nach Vernehmung des Staatsrathes mit Beirath und Zustimmung der Kammer der Reichsräthe und der Kammer der Abgeordneten beschlossen und verordnen, was folgt:

Einziger Artikel.

Die Gemeinden [1]) sind mit Genehmigung des k. Staatsministeriums des Innern [2]) befugt, bei Veränderungen im Besitze oder Eigenthum unbeweglicher, im Gemeindebezirk gelegener Sachen [3]), soferne und soweit diese Veränderungen nicht unter den in Art. 114 Abs. I Ziff. 1 des Gebühren-

1*

gesetzes bezeichneten Personen erfolgen [4]), dann von den im Gemeindebezirk gelegenen, nach Art. 218 ff. des Gebührengesetzes gebührenäquivalentpflichtigen unbeweglichen Sachen [5]) eine örtliche Abgabe im Betrage von einem Viertheil derjenigen Gebühr zu erheben, welche aus Anlaß der treffenden Besitz oder Eigenthumsveränderung, beziehungsweise als Gebührenäquivalent an die k. Staatskasse zu entrichten ist [6]). Bei Tauschverträgen über unbewegliche Sachen, welche in Bezirken verschiedener Gemeinden gelegen sind, findet die Erhebung der örtlichen Abgabe nach dem Verhältnisse des Werthes der einzelnen Objekte statt [7]).

Die Beschlußfassung über die Einführung der örtlichen Abgabe steht in den Landestheilen diesseits des Rheins dem Magistrate unter Zustimmung der Gemeindebevollmächtigten, in Landgemeinden dem Gemeindeausschusse, unter Zustimmung der Gemeindeversammlung, dann in der Pfalz dem Gemeinderathe zu [8]).

Die Erhebung der örtlichen Abgabe erfolgt in der Form eines Zuschlags zu der für die Staatskasse zu erhebenden Gebühr [9]). Dieser Zuschlag geht im Range sowie in Beziehung auf die Einbringlichkeit der für die Staatskasse zu erhebenden Gebühr nach; im Uebrigen genießt derselbe die gleichen Rechte und Vorzüge, welche durch das Gebührengesetz den für die Staatskasse zu erhebenden Gebühren beigelegt sind [10]). Die Befugniß des k. Staatsministeriums der Finanzen zur Gewährung von Stundungen und Nachlässen von Staatsgebühren erstreckt sich auch auf die örtliche Abgabe [11]).

Die näheren Vorschriften über die Erhebung der örtlichen Abgabe und die den percipirenden Beamten hiefür zu gewährende Vergütung werden vom k. Staatsministerium der Finanzen erlassen[12]).

Gegeben zu München, den 15. Juni 1898.

Luitpold,
Prinz von Bayern,
des Königreichs Bayern Verweser.

Dr. Frhr. v. Crailsheim. Dr. Frhr. v. Riedel.
Frhr. v. Feilitzsch. Dr. Frhr. v. Leonrod. Frhr. v. Asch.
Dr. v. Landmann.

Auf Allerhöchsten Befehl:
der Oberregierungsrath
im k. Staatsministerium des Innern:
Dr. Proebst.

1. Gemeinden.

1. Nur die Gemeinden im eigentlichen Sinne, die sog. Ortsgemeinden oder politischen Gemeinden, sind erhebungsberechtigt, nicht auch die Ortschaften.

Bezüglich der Gemeinden macht es aber keinen Unterschied, ob es Stadt- oder Landgemeinden, größere oder kleinere Gemeinwesen sind, wenn auch nach der Absicht des Gesetzgebers vornehmlich die größeren Städte mit ihren Vororten in Betracht kommen sollten, weniger die ländlichen Gemeinden, da bei diesen eine Erhöhung des gemeindlichen Aufwands und eine Wertsteigerung des Grundbesitzes nicht in solchem Maße statt hat.

Ebenso ist kein Unterschied zwischen rechtsrheinischen Gemeinden und pfälzischen Gemeinden.

2. Die örtlichen Besitzveränderungsabgaben sind unter die subsidiären Deckungsmittel für den gemeindlichen Bedarf nach Art. 39 Abs. 2 rechtsrh. GemO., Art. 30 Abs. 2 pfälz. GemO. zu rechnen.

Voraussetzung ihrer Einführung ist daher einerseits, daß nach den Vermögens- und Belastungsverhältnissen der Gemeinde ein Bedürfnis für die Einführung vorhanden ist und daß anderseits mit Rücksicht auf den Zweck der örtlichen Besitzveränderungsabgabe auf einen beachtenswerten Ertrag für die Gemeindekasse gerechnet werden kann.[1])

2. Ministerielle Genehmigung.

1. Das Ministerium hat vor Erteilung der Genehmigung erst zu prüfen, ob die gesetzlichen Voraussetzungen der Erhebung einer Besitzveränderungsabgabe wirklich gegeben sind und ob ein Bedürfnis vorhanden ist. In dem Erfordernis der Genehmigung wurde eine Gewähr gegen die mißbräuchliche Anwendung des Gesetzes und gegen die leichtfertige Einführung der Besitzveränderungsabgabe erblickt.

2. Die Gesichtspunkte, von denen bei Erteilung der Genehmigung auszugehen ist, sind des näheren in der vorgenannten Bekanntmachung des K. Staatsministeriums des Innern vom 2. Oktober 1898 auseinandergesetzt. Es soll die Erhebung der örtlichen Besitzveränderungsabgaben insbesondere in den Gemeinden statt haben, in denen ein häufigerer Verkehr mit Grundstücken sich vollzieht oder zu erwarten steht und wo namentlich auch Grundstücke mehr und mehr zu Bauplätzen bestimmt und als solche verwendet werden.

Damit schließt sich aber die Einführung der örtlichen Besitzveränderungsabgaben von selbst in den Gemeinden aus, in denen in der Hauptsache nur landwirtschaftliche Gebäude und Grundstücke dem Eigentumswechsel unterstehen.

3. Für die Erteilung der Genehmigung ist die wirtschaftliche Lage des Gemeindehaushalts nachzuweisen und zwar in ähnlicher Weise, wie zu den Gesuchen um Genehmigung des Lokalmalz- und Bieraufschlags,[2]) und der Nachweis ist mit den zwei letzten Rechnungen und Voranschlägen der Gemeinde zu belegen (Ziff. 1 Abs. 2 der angef. Bek.).

---

[1]) Bek. des Staatsministeriums des Innern vom 2. Oktober 1898, abgedruckt hinten, in der Folge kurz angeführt als „Vollzbek.".

[2]) Vgl. hierzu insbesondere ME. vom 24. Februar 1894 Nr. 3584 Lokalmalz- und Bieraufschlag, hier geschäftliche Vereinfachung betr. (Weber, G.- u. VOSamml. Bd. 22 S. 407), ME. vom 1. Mai 1898 Nr. 8905 Lokalmalz- und Bieraufschlag rc. rc. betr. (MABl. S. 279).

Ferner ist im Benehmen mit dem Rentamte zu erheben und darzulegen, ob und in welcher Art seither schon ein größerer Güterverkehr in der Gemeinde sich gezeigt hat oder ob und inwieweit ein solcher etwa in der Folge anzunehmen ist, wobei es aber in letzterer Beziehung nicht genügt, wenn nur vereinzelte zufällige größere Besitzveränderungen in Aussicht stehen; es muß vielmehr im allgemeinen ein größerer Güterverkehr zu erwarten sein (Ziff. 3 a. a. O.).[1])

3. Veränderungen im Besitz oder Eigentum unbeweglicher, im Gemeindebezirk gelegener Sachen.

Dieser Wortlaut ist dem Art. 113 Ziff. 1 GebG. in der Fassung von 1892 nachgebildet und daher nach Maßgabe des letzteren auszulegen.

1. Unbewegliche Sachen.

Der Begriff der unbeweglichen Sachen ist nach den Regeln des Zivilrechts zu bestimmen (VerwGH., Entsch. v. 7. Nov. 1882 Bd. 4 S. 220, OberstLG., Beschl. v. 11. April 1900, Samml. Bd. 1 S. 209). Bis zum Jahr 1900 waren deshalb für seine Feststellung die verschiedenen in Bayern geltenden Zivilgesetze maßgebend. An die Stelle des Ausdrucks „unbewegliche Sachen" hat, da dieser Ausdruck nur von terminologischer Bedeutung ist, das Bürgerliche Gesetzbuch den Ausdruck „Grundstücke" gesetzt und dementsprechend lautet auch der an die Stelle des Art. 113 getretene Art. 146 GebG. in seiner jetzigen Fassung (VerwGH., Entsch. v. 3. Febr. 1903, Samml. Bd. 24 S. 332).

Unbewegliche Sachen nach dem Recht des Bürgerlichen Gesetzbuches sind nur solche Sachen, die ihrer Natur nach unbeweglich sind, also nur Grundstücke und deren Bestandteile.

Bestandteile eines Grundstücks sind die mit dem Grund und Boden fest verbundenen Sachen, insbesondere Gebäude, sowie die Erzeugnisse des Grundstücks (Pflanzen, Bäume), solange sie mit dem Boden zusammenhängen.

Zu den Bestandteilen eines Gebäudes gehören dann weiter noch die zur Herstellung des Gebäudes eingefügten Sachen (§ 96 BGB.).

---

[1]) Wegen der sonstigen Formalitäten bei Einführung der örtlichen Besitzveränderungsabgaben s. Erläut. Ziff. 8.

Ueber die Frage, wann Maschinen, Werkeinrichtungen oder sonstige Anlagen und Gegenstände als „zur Herstellung des Gebäudes" eingefügt anzusehen sind, und über die in dieser Frage auseinander gehenden Anschauungen des Reichsgerichts, des Obersten Landesgerichts und des Verwaltungsgerichtshofs siehe die Darstellung bei Pfaff-Reisenegger-Schmidt, GebG.[1]) sowie die Abhandlungen Lenels in der Deutschen Juristenzeitung Jahrg. 1906 S. 45—51, Jahrg. 1907 S. 509—512, ferner das Rechtsgutachten Krückmanns „Wesentlicher Bestandteil und Eigentumsvorbehalt", Leipzig 1907, und neuestens den Aufsatz Scherers „Wann sind Maschinen Bestandteile im Sinne des BGB. (§§ 96 Abs. 2, 93)?" in Lobes Ztbl. f. fr. Gb., 8. Jahrg. S. 369—385.

Vgl. dazu auch den Beschluß des Verwaltungsgerichtshofs vom 25. Februar 1907 (FinBl. Bd. 15 S. 201), worin — in Uebereinstimmung mit dem Beschluß des gleichen Gerichtshofs vom 2. Februar 1903 (Samml. Bd. 24 S. 332) — ausgesprochen wurde, daß die mit dem Grund und Boden oder mit den Gebäulichkeiten einer Brauerei körperlich verbundenen Vor- und Einrichtungen, welche dazu bestimmt sind, dauernd an dem Ort ihrer Verbindung zu verbleiben und den Zwecken des Brauereibetriebes zu dienen, als Bestandteile der einschlägigen Gebäulichkeiten und Grundstücke zu erachten sind, sowie daß der Unterschied zwischen wesentlichen und unwesentlichen Bestandteilen für die Entrichtung der Besitzveränderungsgebühr insofern von Einfluß ist, als an nicht wesentlichen Bestandteilen das Eigentum einem anderen als dem Eigentümer des Grundstücks zustehen kann.

Als Bestandteile der Grundstücke gelten ferner auch die mit dem Eigentum an einem Grundstück verbundenen Rechte z. B. Forstrechte (§ 96 BGB.).[2])

Zu den unbeweglichen Sachen im Sinne unseres Gesetzes gehören jedoch nicht auch die grundstücksgleichen Rechte, wie z. B. die sog. Realrechte, die Fischereirechte, die Entschädigungsansprüche gegen die Brandversicherungsanstalt (ObersttLG., Beschl. vom 8. Juli 1907, Samml. Bd. 8 S. 329), die Erbbaurechte, da das Gesetz diese Rechte im Gegensatz zum Wortlaut des Art. 113

[1]) In der Folge nur als „Pfaff GebG." angeführt.

[2]) Wenn und solange sie mit dem Grundstück verbunden sind, Pfaff GebG., Anm. 5 zu Art. 146.

GebG. von 1892 nicht anführt (vgl. auch Kahr, Komm z. GemO. Bd. II S. 318).

Da Hauptsache und Bestandteile zivilrechtlich eine einzige Sache, ein Ganzes bilden, so ist der Gesamtwert dieses Ganzen auch für die Gebührenbewertung maßgebend.

Im einzelnen folgt daraus:

a) Bei Verkauf von Waldgrundstücken ist die Gebühr aus dem Wert des Waldgrundstückes einschließlich des Wertes der Bäume zu berechnen, auch wenn das Grundstück ohne die Bäume verkauft wird, vgl. u. a. OberstLG., Beschl. vom 4. April 1894 (Samml. Bd. 15 S. 120), Beschl. vom 30. Dezbr. 1895 (a. a. O. S. 884), Beschl. vom 1. Juni 1896 (Bd. 16 S. 127), Beschl. vom 22. Okt. 1900 (Samml. n. F. Bd. 1 S. 493), Beschl. vom 27. Febr. 1901 (Bd. 2 S. 132), Beschl. vom 2. Dezbr. 1903 (Bd. 4 S. 876), Beschl. vom 5. Dezbr. 1904 (Bd. 5 S. 631).

b) Bei Verkauf von Grundstücken ist die Gebühr aus dem Wert der Grundstücke einschließlich des Wertes der darauf errichteten Gebäude zu erheben, auch dann, wenn die Gebäude aus Mitteln des Käufers erbaut worden sind, OberstLG., Beschl. vom 13. Mai 1903 (Samml. Bd. 4 S. 353).

c) Beim Erwerb eines den Gesellschaftern einer offenen Handelsgesellschaft gehörenden Grundstückes seitens der Gesellschaft mit den von der Gesellschaft darauf errichteten Gebäuden ist die Gebühr aus dem vollen Wert des Grundstücks und der darauf stehenden Gebäude zu erheben, OberstLG., Beschl. vom 5. Dezbr. 1905 (Samml. Bd. 5 S. 626).

Die Abgabe wird bloß aus dem Wert der unbeweglichen Sachen genommen.

Werden deshalb mit Grundstücken bewegliche Sachen, z. B. das Zubehör bei landwirtschaftlichen Anwesen, bei Brauereien veräußert, so kommt der Wert der letzteren für die Abgabe nicht in Betracht, vorausgesetzt, daß gemäß Art. 188 GebG. der Wert der beweglichen Sachen in der notariellen Urkunde über den Veräußerungsvertrag besonders ausgewiesen ist.

Unter beweglichen Gegenständen im Sinne des Art. 188 GebG. sind nur körperliche Gegenstände zu verstehen, OberstLG., Beschl. vom 1. Dezbr. 1902 (Samml. Bd. 3 S. 989), Beschl. vom 12. Mai 1903 (Samml. Bd. 4 S. 347).

Daraus folgt, daß z. B. Rechte und Forderungen nicht als bewegliche Sachen zu erachten sind und daß insbesondere auch eine Wertsausscheidung auf „das Geschäft" oder „die Kundschaft", wie sie oft üblich ist, auf die Erhebung der Mobiliargebühr keinen Einfluß üben kann. Vgl. Beschlüsse des Obersten Landesgerichts vom 31. März 1894 (Samml. Bd. 15 S. 102), vom 27. Mai 1895 (a. a. O. S. 649), wonach beim Verkauf einer Apotheke mit realer Apothekengerechtsame der Geschäftswert d. i. der vom Erwerber aus dem Betrieb der Apotheke erwartete Nutzen dem Immobiliarwerte zuzurechnen ist. Die gegenteilige Anschauung des Obersten Landesgerichts, wie sie in dem Beschluß vom 26. Juni 1897 (Samml. Bd. 16 S. 601) niedergelegt ist, dürfte angesichts des Wortlauts des Art. 188 nicht zutreffen. Das ergibt auch die durch die Novelle vom 20. August 1906 geschaffene Aenderung des bisherigen Artikel 150 (jetzt Art. 155), wodurch der in dem bisherigen Abs. IV dieses Artikels befindliche Ausdruck „bewegliche Sachen" beseitigt wurde.

Die Ausweisung des besonderen Wertes der beweglichen Sachen muß in der notariellen Urkunde selbst erfolgen. Eine nachträgliche Ausweisung ist ausgeschlossen, ebenso wie es auch unzulässig ist, daß der Gebührenpflichtige die in der Urkunde enthaltene Ausweisung nachträglich zu seinen Gunsten ändert, Obers tLG., Beschl. vom 28. Juni 1904 (Samml. Bd. 5 S. 318).

Für die Ausweisung ist eine individuelle Bezeichnung der einzelnen beweglichen Sachen nicht erforderlich; es genügt vielmehr auch schon summarische Angabe der Sachen und ihres Wertes, § 22 VollzInstr. zum GKG. und GebG.

2. Im Gemeindebezirk gelegene Sachen.

Berechtigt zum Bezug der Abgabe ist diejenige Gemeinde, in deren Bezirk die unbewegliche Sache gelegen ist, an der eine Besitz- oder Eigentums-Veränderung eintritt (§ 2 Abs. 1 Bek. des K. Staatsministeriums der Finanzen vom 25. Juni 1898 Vollzug des Gesetzes, die Einführung einer Besitzveränderungsabgabe für die Gemeinden betr.).

Liegen die unbeweglichen Sachen in den Bezirken verschiedener Gemeinden, so ist, soferne eine oder mehrere Gemeinden zur Erhebung der Abgabe befugt sind, der Wert der in den einzelnen Gemeinden gelegenen unbeweglichen Sachen in den notariellen Urkunden und in den Gebührenregistern gesondert vorzutragen und sind die Abgaben nach dem Verhältnis des auf diese unbeweglichen

Sachen treffenden Teils der Staatsgebühr in Ansatz zu bringen (§ 3 Abs. 2 a. a. O.).

Wegen Behandlung der Abgaben bei Tauschverträgen siehe Erläuterungen unter Ziff. 7.

3. Veränderungen im Besitz oder Eigentum.

Veränderungen dieser Art sind nach § 1 der vorerwähnten Vollzugsbekanntmachung vom 25. Juni 1898 sowohl diejenigen Besitz- oder Eigentumsveränderungen, welche sich auf Grund eines notariellen Vertrags vollziehen, wie alle sonstigen Besitzveränderungen.

Bei der vorerwähnten Vollzugsbekanntmachung ist dabei ersterenfalls auf Art. 113 ff. GebG., und letzterenfalls auf Art. 213 ff. GebG. Bezug genommen.

An die Stelle dieser Artikel, die dem Gebührengesetz in der Fassung der Bekanntmachung vom 6. Juli 1892 (GVBl. S. 489) entnommen sind, sind jetzt die Art. 146 ff. bzw. Art. 252 ff. des Gebührengesetzes in der Fassung der Bekanntmachung vom 28. April 1907 (GVBl. S. 395) getreten.

Die neuen Artikel sind nicht bloß äußerlich, sondern auch inhaltlich von den alten verschieden. Nach Art. 113 sind gebührenpflichtig die Verträge, durch welche „über Besitz oder Eigentum unbeweglicher Sachen" ꝛc. ꝛc. verfügt wird, und nach Art. 213 fällt die Besitzveränderungsgebühr an, „so oft eine Besitzveränderung in bezug auf unbewegliche Sachen" ꝛc. ꝛc. stattfindet. Demgegenüber unterliegen der Gebührenpflicht nach Art. 146 die Verträge, „durch welche sich der eine Teil verpflichtet, das Eigentum an einem Grundstück zu übertragen", und kommt nach Art. 252 die „Besitzveränderungsgebühr" zur Erhebung, „so oft ein Erwerb von Eigentum an einem Grundstück" stattfindet.

Dem Vorbilde des Art. 113 bzw. 213 GebG. ä. F. gemäß wurde im Gesetz die Ausdrucksweise „Veränderungen im Besitze oder Eigentum" gewählt, um damit auszudrücken, daß nur die Besitzveränderungsfälle, welche in dem Gebührengesetze selbst geregelt sind, unter das Gesetz fallen. (Verh. der Kammer der Abg. 1897/98, StenB. Bd. XII S. 423).[1]

[1]) Diese Ausdrucksweise ist aber nur noch für die Zeit, bevor das Grundbuch als angelegt anzusehen ist, wirklich zutreffend, da für den Geltungsbereich des Grundbuchrechts nur noch Rechtsänderungen im Eigentum in Betracht kommen, vgl. auch BlfRA. Bd. 71 S. 323

Als „Verträge, durch welche über Besitz oder Eigentum unbeweglicher Sachen verfügt wird", sind aber nur solche Verträge anzusehen, durch die entweder das Eigentum übertragen oder doch wenigstens der Eigentumsbesitz (Usukapionsbesitz) überlassen wird, der mit der Zeit zur Erwerbung des Eigentums durch Ersitzung führen kann, also ein Rechtsverhältnis begründet wird, bei dem die Besitzüberlassung eine Brücke zur Uebertragung des Eigentums bilden soll (OberstLG., Beschl. vom 6. Dezember 1905, Samml. Bd. 6 S. 717).

Daraus folgt, daß zur Veränderung im Besitze mehr erfordert wird als eine Aenderung bloß im tatsächlichen Verhältnis und daß also für die Erhebung der örtlichen Besitzveränderungsabgabe die Erwerbung der tatsächlichen Gewalt nicht genügt (a. a. O.).

Während aber nach der Rechtsprechung die Staatsgebühr des Art. 113 GebG. ä. F., Art. 146 GebG. n. F. „auf der Urkunde haftet", also mit der Errichtung der notariellen Urkunde anfällt, ohne Rücksicht darauf ob das beurkundete Rechtsgeschäft Gültigkeit erlangt oder nicht (vgl. u. a. OberstLG., Beschl. vom 22. September 1887 Samml. Bd. 11 S. 699; Beschl. vom 24. Oktober 1894, Samml. Bd. 15 S. 374; Beschl. vom 21. Oktober 1902, Samml. n. F. Bd. 3 S. 853),[1] ist zum Anfall der örtlichen Besitzveränderungsabgabe der Eintritt einer tatsächlichen Veränderung im Besitz oder Eigentum notwendig (OberstLG., Beschl. vom 5. Juni 1905, Samml. Bd. 6 S. 364; Beschl. vom 3. Juli 1905, Samml. Bd. 6 S. 438; Beschl. vom 6. Dezember 1905, Samml. Bd. 6 S. 724).[2]

Daß für die Erhebung der örtlichen Besitzveränderungsabgabe nicht schon die Beurkundung des Veräußerungsvertrages genügt, wurde vom Obersten Landesgericht aus der Fassung des Gesetzes gefolgert: die Abgabe werde, wie schon ihr Name andeute, bei Veränderungen im Besitz oder Eigentum unbeweglicher ... Sachen erhoben; fällig werde diese Abgabe erst in dem Zeitpunkt, in dem eine Veränderung im Besitz oder Eigentum stattfinde.

---

[1]) Siehe dagegen aber auch BlfRA. 71. Jahrg. S. 316; FinBl. Bd. 14 S. 226.

[2]) Im Beschluß vom 21. Oktober 1902 (Samml. Bd. 3 S. 853) nahm aber das Oberste Landesgericht einen anderen Standpunkt ein; dort sprach es aus, daß, so wenig die Entrichtung der Staatsgebühr von der Besitzübergabe bedingt ist, ebensowenig dies auch bei der örtlichen Besitzveränderungsabgabe der Fall ist.

Die örtliche Besitzveränderungsabgabe ist, so nimmt das Oberste Landesgericht an, wie die Besitzveränderungsgebühr nach Art. 213 GebG. ä. F. und Art. 252 GebG. n. F. eine auf den Verkehr mit Grundstücken gelegte Steuer. Ihre Erhebung ist daher an die Tatsache geknüpft, daß eine Aenderung im Besitz und Eigentum eintritt; ist eine solche Aenderung weder durch den Vollzug eines Rechtsgeschäfts noch unmittelbar kraft Gesetzes eingetreten, so ist für die Erhebung der Abgabe kein Raum.[1])

Das Anwendungsgebiet der örtlichen Besitzveränderungsabgabe kann demnach wenigstens, soweit noch das bisherige Liegenschaftsrecht gilt, ein engeres wie das der Staatsgebühr sein, insofern als der Anfall einer Staatsgebühr eintreten kann, ohne daß auch eine Besitzveränderungsgebühr anfällt, nämlich dann z. B., wenn zwar ein Kaufvertrag beurkundet wird, es aber zu keiner Besitzes- oder Eigentumsübertragung kommt.[2])

Veränderungen im Besitz oder Eigentum sind, wie gesagt, sowohl die rechtsgeschäftlichen wie die sonstigen Veränderungen Rechtsgeschäftliche Veränderungen sind die unter Art. 113. GebG. ä. F., Art. 146 GebG. n. F. fallenden Veränderungen.

Zu diesen rechtsgeschäftlichen Veränderungen gehören aber auch die in den Art. 147, 148 und 149 des jetzigen Gebührengesetzes enthaltenen Veränderungen.

---

[1]) Gegen diese Anschauung des Obersten Landesgerichts dürfte vor allem einzuwenden sein, daß ja auch die Gebühr des Art. 113 GebG. im Grunde eine Steuer, eine auf den Grundstückswechsel gelegte Verkehrssteuer ist. Dieser steuerliche Charakter der Gebühr des Art. 113 wurde auch bereits vom Obersten Landesgerichte angenommen (Beschl. vom 1. Mai 1903, Samml. Bd. 4 S. 301) und zwar gerade im Hinblick insbesondere auf Art. 249 — jetzt 252 — GebG. und auf das Gesetz über die Einführung einer örtlichen Besitzveränderungsabgabe! Es stehen sich also die Gebühr des Art. 113 — jetzt Art. 146 — wie die des Art. 249 — jetzt 252 — und die örtliche Besitzveränderungsabgabe ihrer Natur nach vollkommen gleich, und es wäre dadurch auch eigentlich die Gleichheit der Voraussetzungen ihres Anfalls bedingt.

[2]) Vgl. insbesondere den dem Beschluß des Obersten Landesgerichts vom 5. Juni 1905 (a. a. O.) zugrunde liegenden Fall, wo es sich um die Schließung zweier Kaufverträge, aber nur um die einmalige Uebertragung des Besitzes und Eigentums handelte, und demgemäß zwar zweimal die Staatsgebühr, aber nur einmal die Besitzveränderungsabgabe erhoben wurde.

Art. 147 betrifft die Auseinandersetzungen bezüglich eines Nachlasses und die Auseinandersetzungen bezüglich des Gesamtguts einer fortgesetzten Gütergemeinschaft, und bestimmt, daß die Nachlaßauseinandersetzungen, soweit sie Grundstücke zum Gegenstande haben, mit 1%, im übrigen mit 3‰ zu bewerten sind, und daß bei den Gesamtgutsauseinandersetzungen diese Gebühr nur aus dem halben Werte des Gesamtguts erhoben wird.

Nach Art. 148 GebG. ist die Gebühr des Art. 147 auch für solche Nachlaßauseinandersetzungen geschuldet, bei denen die Erbengemeinschaft, also die Gemeinschaft zur gesamten Hand, in eine Gemeinschaft nach Bruchteilen nach Maßgabe der Erbteile umgewandelt wird, mit dem Abmaße jedoch, daß auf diese Gebühr die auf Grund des Erbanfalls nach Art. 252 GebG. n. F. entrichtete Gebühr angerechnet wird.

Nach Art. 149 GebG. wird bei den Erbanteilsabtretungen, falls durch die Anteilsabtretung der Anteilserwerber alle Anteile in sich vereinigt, aus dem Wert der zum Nachlaß gehörigen Grundstücke eine Gebühr von 1% erhoben; und die gleiche Gebühr, jedoch nur aus dem halben Wert der Grundstücke, kommt zur Erhebung, falls bei der fortgesetzten Gütergemeinschaft infolge Verzichts seitens der Abkömmlinge auf ihren Anteil am Gesamtgut das Gesamtgut in eine Hand übergeht.

In allen diesen Fällen der Auseinandersetzung bezüglich eines Nachlasses[1]) kommt neben der Staatsgebühr auch die örtliche Besitzveränderungsabgabe zur Erhebung, da ja auch diese Auseinandersetzungen rechtsgeschäftliche Uebertragungen von Grundbesitz sind, und da die Art. 147—149 ja auch nur Abzweigungen des bisherigen Art. 146 GebG. darstellen.[2])

---

[1]) Die Auseinandersetzungen bezüglich des Gesamtguts einer ehelichen oder einer fortgesetzten Gütergemeinschaft kommen für die Erhebung der örtlichen Besitzveränderungsabgabe nicht in Betracht, da bei diesen Auseinandersetzungen ja immer nur Personen beteiligt sind, von denen als Verwandten eine Besitzveränderungsabgabe nicht erhoben wird.

[2]) Bis zum Inkrafttreten der Gebührengesetznovelle vom 20. August 1906 kam es bei den Erbanteilsabtretungen zum Anfall der Besitzveränderungsgebühr nur auf grund des Art. 249 GebG. in der Fassung von 1899, da die Besitzveränderungsgebühr bis dahin ihren Grund

Zu den rechtsgeschäftlichen Veränderungen gehören ferner die Veränderungen infolge **Einbringens** von Grundbesitz in Gesellschaften.[1])

Nach Art. 153 Abs. V GebG. unterliegt dieses Einbringen bei Aktiengesellschaften, Kommanditgesellschaften auf Aktien oder Gesellschaften mit beschränkter Haftung, falls der Wert des Einbringens 2000 Mk. übersteigt, einer Gebühr von 2 %, bei Gegenständen im Werte von 1000—2000 Mk. einer Gebühr von 1 1/2 %, und bei Gegenständen im Werte bis zu 1000 Mk. einer solchen von 1 %.

Bei den **offenen Handelsgesellschaften** fallen Uebertragungen von Grundbesitz seitens der Gesellschafter an die Gesellschaft und umgekehrt schon an sich unter die Bewertung nach Art. 146 GebG., weil die offene Handelsgesellschaft, wenn sie auch zivilrechtlich keine juristische Person ist, doch vom Standpunkt des bayerischen Gebührengesetzes aus als ein einheitliches von der Person der Gesellschafter verschiedenes Rechtssubjekt behandelt wird (vgl. u. a. OberstLG., Beschl. vom 3. November 1900, Samml. Bd. 1 S. 523; Beschl. vom 9. Juli 1901, Samml. Bd 2 S. 520;[2]) Beschl. vom 4. Dezember 1901, Samml. Bd. 2 S. 763; Beschl. vom 11. November 1903, Samml. Bd. 4 S. 798; Beschl. vom 5. Dezember 1905, Samml. Bd. 5 S. 626).[3])

---

nicht in der notariellen Beurkundung der Erbanteilsabtretung, sondern unmittelbar im Gesetz hatte. Dementsprecheud sind auch in diesen Fällen für das Beschwerdeverfahren nicht die Gerichte, sondern die Regierungsfinanzkammern und in letzter Instanz der Verwaltungsgerichtshof zuständig (OberstLG, Beschl. vom 17. Juli 1905, Samml. Bd. 6 S. 473; Beschl. vom 25. Juni 1907, Samml. Bd. 8 S. 311).

[1]) Ueber die rechtliche Natur des Einbringens vom gebührenrechtlichen Standpunkt aus vgl. auch RGE. i. ZS Bd. 54 S 318 ff.

[2]) In diesem Beschluß ist ausdrücklich ausgesprochen, daß für einen Vertrag, durch den Grundstücke einer offenen Handelsgesellschaft veräußert werden, neben der Staatsgebühr auch die örtliche Besitzveränderungsabgabe anzusetzen ist

[3]) Vgl. auch RGE. vom 2. November 1903 (Samml. d. Entsch i. ZS., Bd 56 S. 100), wonach auch nach preußischem Stempelrecht das Einbringen von Grundstücken in eine offene Handelsgesellschaft eine Veräußerung darstellt und demnach mit dem Kaufsstempel zu belegen ist, auch wenn die Beteiligten dieselben Personen sind.

Eine rechtsgeschäftliche Veränderung stellt weiter auch die Versteigerung dar, und zwar sowohl die freiwillige wie die zwangsweise Versteigerung.

Bezüglich der freiwilligen Versteigerung bestimmt Art. 155 GebG. ausdrücklich, daß auf diese die Bestimmungen des Art. 146 GebG. gleichmäßig Anwendung finden, und ebenso ist bei der zwangsweisen Versteigerung das Versteigerungsprotokoll im Falle des Zuschlags gemäß Art. 10 GebG. mit der nämlichen Gebühr zu bewerten wie ein Kaufvertrag.

Diese Gebühren fallen dem Ersteher zur Last, und zu ihnen gehören, wie vom Obersten Landesgericht ebenfalls schon ausgesprochen wurde,[1]) auch die örtlichen Besitzveränderungsabgaben.

Wird der Zuschlag rechtskräftig aufgehoben, so sind nach Abs. 3 des Art. 10 GebG. die vom Ersteher entrichteten Gebühren, also auch die örtlichen Besitzveränderungsabgaben diesem zurückzuerstatten.

Zum Anfall einer Besitzveränderungsgebühr kommt es nicht, und damit auch nicht zum Anfall einer örtlichen Besitzveränderungsabgabe, wenn ein rechtsfähig gewordener Verein Grundstücke, die zu dem bisherigen Vereinsvermögen gehören, nach Maßgabe des Art. 2 Abs. 3 des Gesetzes, Uebergangsvorschriften zum BGB. betr., vor dem Zeitpunkt, in welchem das Grundbuch als angelegt anzusehen ist, auf den rechtsfähig gewordenen Verein übertragen will, da eine Uebertragung dieser Art nicht als eine neue Besitzveränderung angesehen werden soll (Art. 316 GebG.).

Soweit die Veränderungen im Eigentum nicht auf Grund von Rechtsgeschäften vor sich gehen, sondern infolge von Beschlüssen oder Entscheidungen von Behörden, im Erbwege oder auf sonstige Weise stattfinden, unterliegen diese Veränderungen der Gebühr des Art. 252 GebG. n. F.[2])

---

[1]) Beschl. vom 7. Februar 1906 (Samml. Bd. 7 S. 60).

[2]) Art. 252 gilt seit der Gebührengesetznovelle vom 20. August 1906 auch schon für die Zeit vor Anlegung des Grundbuchs. Bis zum Inkrafttreten der Novelle gab für das Geltungsgebiet des bisherigen Liegenschaftsrechts noch Art. 213 GebG. von 1892 nach Art. 313 GebG. von 1899 Maß (Verwaltungsgerichtshof Entsch. vom 3. Februar 1903 Bd. 24 S. 332). Durch die Novelle, Ziff. 24, ist aber im Interesse der Schaffung einer einheitlichen Grundlage für die Erhebung der Besitzveränderungsgebühr Art. 313 aufgehoben

Nach Art. 252 unterliegt nur der Eigentumserwerb auf anderem als rechtsgeschäftlichen Wege der „Besitzveränderungsgebühr".[1]) Bei Veränderungen im Eigentumsbesitz, wie sie nach Art. 213 GebG. in der Fassung 1892 gebührenpflichtig waren, fällt demnach jetzt eine staatliche „Besitzveränderungsgebühr" nicht mehr an. Und das gleiche ist für die örtliche Besitzveränderungsabgabe anzunehmen, da diese als Zuschlag zur Staatsgebühr erhoben wird und demnach sinngemäß auch immer den Anfall einer Staatsgebühr voraussetzt (vgl. auch Verh. der Kammer der Abg. StenB. Bd. XII S. 424).

Im einzelnen liegt eine solche nicht rechtsgeschäftliche Eigentumsveränderung vor und kommt es zur Erhebung der Besitzveränderungsgebühr insbesondere:

1. in Fällen der Zwangsenteignung (Art. 16 ff. AG. z. ZPO. und KO. in der Fassung vom 26. Juni 1899).[2])

Anderseits sind die auf Grund des Flurbereinigungsgesetzes erfolgenden Besitzveränderungen, Ein- und Umschreibungen in den öffentlichen Büchern von der Entrichtung der Staatsgebühr und damit auch von der Entrichtung der örtlichen Besitzveränderungsabgabe befreit (Pfaff, GebG. Anm. 4 zu Art. 252).

2. in Fällen der Auseinandersetzung unter den Gesellschaftern einer offenen Handelsgesellschaft; denn das Gesellschaftsvermögen gehört den Gesellschaftern zur gesamten Hand, und es steht deshalb der Gesellschafter, der das Vermögen der Gesellschaft erwirbt, dieser wie ein Dritter gegenüber (RGE. in ZS., Bd. 61 S. 72).

Ebenso ist in Fällen der Auflösung einer offenen Handelsgesellschaft durch den Tod eines von zwei Gesellschaftern und Ueber-

---

worden, und es richtet sich deshalb der Anfall der „Besitzveränderungsgebühr" für andere als rechtsgeschäftliche Aenderungen seit dem 1. September 1906 -- dem Tag des Geltungsbeginnes der Novelle — allein nach Art. 252.

[1]) Belanglos ist, daß in der Ueberschrift von Titel I des zweiten Abschnittes der VII. Abteilung des Gebührengesetzes der Ausdruck „Besitzveränderungsgebühr" beibehalten wurde. (ObersttLG. Bd. 6 n. F. S. 721).

[2]) Wegen des Anfalls der Besitzveränderungsgebühr im Falle gütlicher Einigung der Beteiligten, siehe unten Erläuterung Ziff. 9 Anm. 3.

gang des Gesellschaftsvermögens auf den anderen Gesellschafter die Besitzveränderungsgebühr zu entrichten (VerwGH., Entsch. vom 16. November 1891, Samml. Bd. 13 S. 311).[1])

3. in Fällen der Fusion von Aktiengesellschaften, da Art. 252 auch jeden anderen durch Gesamtrechtsnachfolge eintretenden Eigentumsübergang begreift (ObersLG., Beschl. vom 14. Dezember 1896, Samml. Bd. 7 S. 605; VerwGH., Beschl. vom 23. Oktober 1905, FinBl. Bd. 13 S. 307).[2])

4. in Fällen der Umwandlung einer Aktiengesellschaft in eine Gesellschaft mit beschränkter Haftung unter Einbringung des bisherigen Vermögens der Aktiengesellschaft in die Gesellschaft mit beschränkter Haftung von seiten der bisherigen Aktionäre und künftigen Mitglieder der Gesellschaft mit beschränkter Haftung. Denn die Aktiengesellschaft ist ein anderes Rechtsgebilde als wie die Gesellschaft mit beschränkter Haftung; beide sind verschiedene selbständige juristische Persönlichkeiten; die Identität der Gesellschafter mit den bisherigen Aktionären ist gleichgültig, da in beiden Fällen die physischen Personen nicht die Träger der Gesellschaft sind (RGE. in ZS., Urt. vom 26. Juni 1906, Samml. Bd. 64 S. 10).

---

[1]) Vgl. dazu aber jetzt auch RG, Urt. vom 23. Februar 1907 (Samml. von Entsch. in ZS., Bd. 65 S. 227) und Kammergericht, 15. August 1907 (RJA., Bd. 9 S. 71), wonach im Falle, daß bei der Auflösung einer aus zwei Gesellschaftern bestehenden offenen Handelsgesellschaft der eine das Geschäft mit Aktiven und Passiven übernommen hat und das Geschäft unter der bisherigen Firma fortführt, das Eigentum an den zum Gesellschaftsvermögen gehörenden Grundstücken ohne Auflassung an den einen Gesellschafter übergeht. Da bei dieser Anschauung eine Uebertragung des Eigentums an Grundstücken nicht gegeben ist, könnte es wohl auch nicht zum Anfall einer Besitzveränderungsgebühr kommen.

[2]) In letzterem Beschluß wurde auch ausdrücklich die Fälligkeit der örtlichen Besitzveränderungsabgabe für die im betreffenden Gemeindebezirk gelegenen Grundstücke bei solchen Fusionen bejaht.

Vgl. für preußisches Recht auch RGE in ZS., Bd. 62 S. 63, wonach nur bei den gemäß § 305 HGB. sich vollziehenden Fusionen von Aktiengesellschaften kein Auflassungsstempel erhoben wird, sonst aber auch bei Vermögensübertragungen nach § 303 HGB. der Auflassungsstempel anfällt.

5. in Fällen der Eingemeindungen [1]) Zur Vereinigung der bisherigen besonderen Vermögen der Gemeinden bedarf es zwar nicht eines privatrechtlichen Uebertragungsaktes; es ist jedoch immerhin eine den Vorschriften des öffentlichen Rechts entsprechende Einigung der Gemeinden notwendig. Diese Einigung hat aber privatrechtlich die Bedeutung einer Gesamtnachfolge gleich der Fusion von Aktiengesellschaften (ObersttLG., Beschl. vom 17. Juli 1905, Samml. Bd. 6 S. 466).

Ebenso wie bei den Fusionen[2]) ist daher auch bei den Eingemeindungen die Fälligkeit einer Besitzveränderungsgebühr gegeben.[3])

4. soferne und soweit diese Veränderungen nicht unter den in Art. 114 Abs. I Ziff. 1 des GebG. bezeichneten Personen erfolgen.

1. Die in Abs. I Ziff. 1 des Art. 114 GebG. von 1892 genannten Personen sind Verwandte oder Stiefverwandte in auf- und absteigender Linie, Ehegatten und Geschwister.

An die Stelle des Art. 114 Abs. I Ziff. 1 ist jetzt Art. 146 Abs. I Ziff. 1 Buchstabe a getreten; die hierin genannten Personen sind aber die gleichen wie die in Art. 114 aufgeführten.

Von der Entrichtung der örtlichen Besitzveränderungsabgabe sind demnach alle Besitzveränderungen befreit, die sich zwischen diesen Personen abspielen, mögen sie rechtsgeschäftlicher oder nicht rechtsgeschäftlicher Natur sein.

Die genannten Personen sind bezüglich Entrichtung der Staatsgebühr insofern begünstigt, als sie — sowohl bei den Besitzveränderungen auf Grund eines Rechtsgeschäftes[4]) wie bei den sonstigen Veränderungen — nur eine Staatsgebühr von 1 % zu entrichten haben, soweit sie nicht, wie Ehegatten, Verwandte oder Stiefverwandte in absteigender Linie im Fall des erbschaftsweisen Erwerbs nach Art. 253 Abs. 3 GebG. von der Besitzveränderungsgebühr über-

---

[1]) Ueber Eingemeindungen im allgemeinen, siehe Karner in BlAdmPr. Bd. 57 S. 145, ferner Mantel a. a. O. Bd. 55 S. 279.

[2]) Siehe Anm. 3 dieser Erläuterung.

[3]) Nach preußischem Recht wird bei den Eingemeindungen kein Auflassungsstempel erhoben, aber nur deshalb, weil keine „freiwillige Veräußerung" im Sinne des preußischen Stempelgesetzes vorliegt (Kammergericht, Urt. vom 23. September 1905, OLGRspr. Bd. 14 S. 62).

[4]) Einschließlich der freiwilligen oder zwangsweisen Versteigerungen.

haupt befreit sind. Der Grund für die Begünstigung ist, den Besitzwechsel in der Familie zu erleichtern.

Aus demselben Grunde wurde bei den Besitzwechseln unter den genannten Personen von der Erhebung einer örtlichen Besitzveränderungsabgabe ganz abgesehen.

Die Ausnahmebestimmung — denn eine solche ist sie — wurde erst auf Antrag des besonderen Ausschusses der Kammer der Abgeordneten eingeschaltet (Verh. der Kammer der Abg., Beil. Bd. XVI S. 2; StenB. Bd. XII S. 423).

„Verwandte in auf- und absteigender Linie" sind nach dem Sprachgebrauch des Bürgerlichen Gesetzbuchs, wie er auch im Art. 146 GebG. angewandt ist, die Verwandten in gerader Linie d. h. diejenigen Personen, deren eine von der anderen abstammt (§ 1589 BGB.).

Die Ausdrucksweise „Stiefverwandte" ist dem BGB. fremd; es sind darunter die Verwandten des einen Ehegatten im Verhältnis zum andern Ehegatten zu verstehen, die das BGB. „Verschwägerte" nennt.[1]) „Stiefverwandte in auf- und absteigender Linie" sind demnach, da sich die Linie und der Grad der Schwägerschaft nach der Linie und dem Grad der sie vermittelnden Verwandtschaft bestimmen, z. B. Stiefvater und Stiefsohn, Stiefgroßvater und Stiefenkel.[2])

2. Als Verwandtschaft im Sinne des GebG. gilt auch die durch Annahme an Kindes Statt begründete Verwandtschaft, sowie, bei erweislich anerkannter Vaterschaft, das Verhältnis zwischen einem unehelichen Kind und dessen Abkömmlingen einerseits und dem Vater und dessen Verwandten anderseits (Art. 283 Abs. I GebG.); ebenso stehen die vor dem Inkrafttreten des BGB. vereinkindschafteten Kinder in Ansehung der Gebührenpflicht den ehelichen Kindern gleich (Art. 283 Abs. III a. a. O.).[3])

---

[1]) Der Tod des Ehegatten hat für die Schwägerschaft gebührenrechtlich keine Bedeutung.

[2]) Im Verhältnis zum Ehemann ist auch der unehelich geborene Sohn der Frau „Stiefsohn", da das Gesetz bezüglich der Verwandtschaft keinen Unterschied macht, ob die Verwandtschaft auf ehelicher oder unehelicher Geburt beruht.

[3]) Das Institut der Einkindschaft selbst ist ja dem BGB. unbekannt. Auch nach dem Reichserbschaftssteuergesetz stehen die eingekindschafteten Kinder den andern Kindern gleich, § 59 REStG.

Ehegatten im Sinne des Art. 146 sind nur solche, zwischen denen die Ehe noch besteht, also nicht auch geschiedene, da diese rechtlich nicht mehr als Ehegatten gelten. Die frühere Ehe ist deshalb ohne Einfluß auf die Gebührenpflicht. Art. 283 Abs. 2 GebG. bestimmt auch ausdrücklich, daß auf ein die Gebühr minderndes Verhältnis, welches zufolge eines richterlichen Erkenntnisses oder eines Vertrags schon vor dem Anfall der Gebühr zu bestehen aufgehört hat, nicht zurückgegangen werden darf. Gleich der Scheidung wird auch die Aufhebung der Gemeinschaft nach § 1575 BGB. behandelt.

Unter den Geschwistern sind nicht nur vollbürtige, sondern auch halbbürtige, also solche, die nur einen Elternteil gemeinsam haben, zu verstehen.

3. Sind bei Verträgen zwischen Verwandten in gerader Linie neben den Verwandten oder Stiefverwandten der absteigenden Linie (Sohn, Stiefsohn, Tochter, Stieftochter) deren Ehegatten oder Verlobte beteiligt, so kommt diesen die gleiche Begünstigung zu wie den Verwandten selbst (Art. 146 Abs. II GebG.); es wird also auch von den Anteilen dieser Ehegatten oder Verlobten keine örtliche Besitzveränderungsabgabe erhoben. [1] Diese Begünstigung tritt aber nicht ein, wenn bei Besitzveränderungen zwischen Ehegatten oder Geschwistern noch weitere Personen, z. B. letzterenfalls Ehegatten von Geschwistern beteiligt sind; hier ist die Staatsgebühr und demgemäß auch die örtliche Besitzveränderungsabgabe nach den Anteilsrechten der einzelnen Personen gesondert zu berechnen (Art. 146 Abs. III Satz 2 GebG., Vollzbek. § 1 Abs. II Satz 2). Wegen der Bewertung eines Grundstückskaufvertrags, der zwischen zwei Brüdern unter Mitbeteiligung der beiderseitigen, gleichfalls miteinander verschwisterten Ehefrauen abgeschlossen wurde, siehe Beschl. d. ObersttLG. vom 21. November 1904 (Samml. Bd. 5 S. 581).

Auch bei der nach Art. 252 GebG. anfallenden Besitzveränderungsgebühr findet beim Eigentumsübergang auf eine Mehrheit von Personen nach Art. 253 Abs. 2 GebG. eine nach den Anteilsrechten der einzelnen Personen gesonderte Berechnung statt, wobei die Erbengemeinschaft als eine Gemeinschaft nach Bruchteilen gilt.

---

[1]) FinMinE. vom 11. Februar 1901 Nr. 7728 (Pfaff a. a. O. Anm. 4 zu Art. 146).

5. Von den im Gemeindebezirk gelegenen, nach Art. 218 ff. des GebG. gebührenäquivalentpflichtigen unbeweglichen Sachen.

1. Die örtliche Besitzveränderungsabgabe wird von demselben Grundeigentum erhoben, von dem das Gebührenäquivalent zu entrichten ist; es wird jedoch nicht auch von den dem Gebührenäquivalent unterliegenden grundstücksgleichen Rechten erhoben, da das Gesetz nur die „unbeweglichen Sachen" der örtlichen Besitzveränderungsabgabe unterwirft.

Dem Gebührenäquivalent unterliegen alle zwanzig Jahre die Grundstücke der juristischen Personen, Handels- und Versicherungsgesellschaften, Genossenschaften,[1]) Vereine sowie anderer Gesellschaften und Anstalten, ferner der Gesamtgeschlechter, soweit bei diesen Geschlechtern nicht eine agnatische Erbfolge stattfindet (Art. 258 GebG.). Das Gebührenäquivalent ist seinem Charakter nach wie die Besitzveränderungsgebühren selbst eine Vermögenssteuer vom Grundbesitz; es bildet einen Ersatz der Besitzveränderungsgebühr. Sein Zweck ist, das im Eigentum der juristischen Personen, Gesellschaften und Gemeinschaften befindliche Grundvermögen, das einem Eigentumswechsel nur selten unterworfen ist, an den Staatslasten in tunlichst gleicher Weise teilnehmen zu lassen, wie den Grundbesitz der physischen Personen.

2. Juristische Personen sind insbesondere die eingetragenen Vereine (§§ 55 ff. BGB.), sowie die Stiftungen (§§ 80 ff. BGB.).[2])

Zu den Handelsgesellschaften gehören die Aktien- und Kommanditgesellschaften,[3]) die Gesellschaften mit beschränkter Haftung, und weiter werden dazu auch die offenen Handelsgesellschaften gerechnet, da deren Vermögen ein von dem Privatvermögen der Gesellschafter gesondertes, selbständiges Vermögen, ein Vermögen zur gesamten Hand ist (VerwGH., Entsch. vom 11. Juli 1903, Samml. Bd. 24 S. 575).

Gesellschaften im Sinne des Art. 258 GebG. sind auch die Gesellschaften nach §§ 705 ff. BGB. (Pfaff GebG. Anm. 3 zu Art. 258).

---

[1]) Wegen Befreiung der landwirtschaftlichen Genossenschaften vom Gebührenäquivalent siehe unten Ziff. 4.

[2]) Wegen Befreiung der milden Stiftungen vom Gebührenäquivalent siehe unten Ziff. 4.

[3]) Der Umstand, daß sich eine Aktiengesellschaft zur Zeit der Fälligkeit des Gebührenäquivalents im Liquidationszustande befindet, enthebt sie der Entrichtung des Gebührenäquivalents nicht, VerwGH., Entsch. vom 11. Juli 1904 (Samml. Bd. 25 S. 397).

Als gebührenäquivalentpflichtig werden auch die sog. Brauhauskommunen zu erachten sein (vgl. OestVerwGH., Erk. vom 19. Juni 1906, Oesterr. NotZ. 1907 S. 201).

Dagegen unterliegen die Erbengemeinschaften dem Gebührenäquivalent nicht (Verh. der Kammer der Abg. 1906 StenB. Bd. V S. 941), da die Erbengemeinschaft kein besonderes Rechtssubjekt ist (OLGRspr. V S. 411; RJA. IV S. 183).

Als öffentliche Korporationen haben auch außerbayerische Gemeinden von ihren in Bayern gelegenen Grundstücken das Gebührenäquivalent zu entrichten (VerwGH., Entsch. vom 27. Januar 1885, Samml. Bd. 6 S. 39).[1]

Aus der Natur des Gebührenäquivalents als einer Vermögenssteuer folgt, daß das Aequivalent mit dem auf den betreffenden Grundstücken stattfindenden Gewerbebetrieb in keinem innerlich notwendigen Zusammenhang steht;[2] es ist daher das Gebührenäquivalent und damit auch die örtliche Besitzveränderungsabgabe keine gewerbliche Betriebsausgabe und darf bei Ermittlung des gewerbesteuerpflichtigen Ertrags nicht abgezogen werden (Oberberufungskommission i. StS., Entsch. vom 14. Mai 1904, Jahrg. V S. 37).

3. Dem Gebührenäquivalent unterliegt der jeweilige Grundbesitz der betreffenden Kategorien.

Ob die Grundstücke zum immerwährenden dauernden Besitz erworben wurden oder ob ihr Erwerb unter der Absicht der Wiederveräußerung erfolgte, ist gleichgültig; denn vom Gesetz wird die Erhebung des Gebührenäquivalents in objektiver Beziehung lediglich an die Voraussetzung geknüpft, daß die Grundstücke sich vom Tag des letzten Anfalls einer verhältnismäßigen Gebühr an zwanzig Jahre lang im Eigentum der genannten Gesellschaften ꝛc. ꝛc. befanden (VerwGH., Entsch. vom 11. Juli 1903 a. a. O.).

---

[1]) Wegen Befreiung der bayerischen Gemeinden vom Gebührenäquivalent, siehe unten Ziff. 4.

[2]) Die Vermögenssteuern aus dem Grundbesitz werden von den Liegenschaften erhoben, weil letztere sich im Eigentum von juristischen Personen, Gesellschaften u. dgl. befinden, gleichviel ob und inwieweit die Liegenschaft zum Betriebe eines Gewerbes, der Landwirtschaft oder zu einem sonstigen Zweck (als Klubhaus u. dgl.) Verwendung findet, gleichviel ob die Eigentümerin sie selbst benützt oder an Dritte vermietet bzw. verpachtet hat.

Dieser jeweilige Grundbesitz[1]) wird als Einheit von dem Gebührenäquivalent betroffen; er ergreift also das Grundstück in dem Zustand, in dem es sich zur Zeit der Fälligkeit der Abgabe befindet, einschließlich seiner Bestandteile, also insbesondere, worauf schon oben hingewiesen wurde, einschließlich der auf den Grundstücken errichteten Gebäude.

Auf den Zeitpunkt der Errichtung der Gebäude kommt es nicht an, es läuft also die zwanzigjährige Frist nicht erst besonders von dem Zeitpunkt der Erbauung an (VerwGH., Entsch. vom 27. Juni 1888, Samml. Bd. 11 S. 271; Entsch. vom 11. Juli 1904, Samml. Bd. 25 S. 397).

Wegen des Begriffs der Bestandteile eines Grundstücks und ihrer Bedeutung für die Gebührenerhebung, siehe die Erläuterungen oben unter Ziff. 3.

4. Von den oben aufgeführten Grundstücken unterliegt eine Reihe dem Gebührenäquivalent nicht, teils in Rücksicht auf ihre Eigentümer, teils infolge ihrer Zweckbestimmung.

In ersterer Beziehung sind von dem Gebührenäquivalent und damit natürlich auch von der örtlichen Besitzveränderungsabgabe die Grundstücke der Kreis-, Distrikts-, politischen und Ortsgemeinden[2]), dann der landwirtschaftlichen Genossenschaften[3]) befreit (Art. 259 Ziff. 1 GebG.).

In letzterer Beziehung unterliegen dem Gebührenäquivalent und ebenso auch der örtlichen Besitzveränderungsabgabe diejenigen

---

[1]) Der jetzige Art. 258 GebG. spricht auch von „Grundstücken", während der frühere Art. 218 den Ausdruck „unbewegliche Sachen" hatte. Dem Sinne nach treffen die beiden Ausdrücke auch hier das gleiche; der Ausdruck „Grundstücke" wurde wie bei Art. 146 nur mit Rücksicht auf die Terminologie des Bürgerlichen Gesetzbuchs gewählt.

[2]) Die Ausnahmebestimmung bezieht sich aber nur auf die bayerischen Gemeinden; wegen der nicht bayerischen Gemeinden siehe oben Ziff. 3 dieser Erläuterung. Anders ist es bei den rechtsgeschäftlichen oder den sonstigen Eigentumsänderungen; hier schulden auch die bayerischen Gemeinden die Gebühren nach Art. 146 bzw. 252 GebG. (OberstLG., im Beschl. vom 31. Mai 1905, Samml. Bd. 6 S. 355).

[3]) Also nicht auch der Handwerkergenossenschaften; die Privilegierung der landwirtschaftlichen Genossenschaften beruht auf der Gebührengesetznovelle vom 26. Mai 1892.

Grundstücke nicht, die ständig und ausschließlich einem frommen, milden, gemeinnützigen oder Unterrichtszwecke oder dem Bergbau dienen (Art. 259 Ziff. 2 GebG.) und ferner diejenigen Grundstücke nicht, die öffentlichen Verkehrszwecken dienen, wie Eisenbahnen, Kanäle, Straßen nebst den dazu gehörigen Gebäuden, Brücken und ähnlichen Gegenständen (Art. 255 Ziff. 3 GebG.).

Was die in Ziff. 2 des Art. 259 GebG. aufgeführten Gegenstände angeht, so genügt deren Widmung zu dem genannten Zweck noch nicht, um die Befreiung vom Gebührenäquivalent zu erzielen, sondern die Widmung muß eine ständige und ausschließliche sein; ständig ist sie dann, wenn sie nach gewissen feststehenden Normen erfolgt, ausschließlich dann, wenn keine Nebenzwecke mit unterlaufen. Ausschließlich gemeinnützige Zwecke sind daher nur solche, welche im Gegensatze zum Privatinteresse und zum wirtschaftlichen Eigennutz *nur* dem Gemeinwohle, dem gemeinen Besten und dem öffentlichen Nutzen dienen (vgl. VerwGH., Entsch. vom 10. September 1894, Samml. Bd. 15 S. 159 ff., vom 4. Mai 1896, Samml. Bd. 17 S. 276 ff., Entsch. vom 3. Juli 1899, Bl. f. d. b. Finanzw. Bd. 7 S. 171, Entsch. vom 10. Juni 1901, Samml. Bd. 22 S. 184).

Es hat demnach, wie in der letzterwähnten Entscheidung ausgesprochen wurde, ein Verein[1]), welcher einen Teil seiner Gebäude milden und Unterrichtszwecken zur Verfügung stellt sowie gewisse Summen aus dem Erträgnisse zu gemeinnützigen Zwecken, im übrigen aber seine Einnahmen zur Förderung der Privatzwecke des Vereins verwendet, keinen Anspruch auf die Befreiung vom Gebührenäquivalent, und es ändert hieran auch der Umstand nichts, daß ein Gegensatz zwischen den Interessen des Vereins und jenen der Allgemeinheit nicht besteht.

„Gemeinnützige Zwecke" sind eben nur jene, welche der Allgemeinheit oder doch *weiteren* Personenkreisen, nicht aber bloß Einzelnen oder engbegrenzten Kreisen zum Nutzen gereichen d. h. der Förderung wirklicher Lebensinteressen dienen, wobei es nichts ausmacht, daß die Nutzung der dem gemeinnützigen Zwecke gewidmeten Objekte gegen Entgelt gewährt wird, wenn nur das Entgelt wieder vollständig dem gemeinnützigen Zwecke zugeführt

[1]) Es betraf die Verpflichtung des Handelsvereins Augsburg zur Bezahlung des Gebührenäquivalents aus seinem Grundstücke, dem sog. Börsengebäude in Augsburg.

wird und nicht privatem Nutzen dient (VerwGH., Entsch. vom 23. März 1903, Samml. Bd. 24 S. 434).[1])

Einem „frommen Zweck" dienen jene Grundstücke, welche zur Religionsausübung benützt werden, wie insbesondere die Kirchen, Kapellen.

Ob die Grundstücke im Eigentum einer anerkannten oder nicht anerkannten Religionsgesellschaft stehen, wird gleichgültig sein, weil im Gesetze selbst kein Unterschied gemacht ist.

Als „milde Zwecke" sind nur solche Zwecke zu erachten, welche auf die Unterstützung wirklicher Hilfsbedürftigkeit durch vollständig oder wenigstens teilweise unentgeltliche Zuwendungen abzielen (VerwGH., Entsch. vom 23. März 1903, a. a. O.).[2])

Alle die Grundstücke, die dem Unterrichtszwecke dienen, sind vom Gebührenäquivalent befreit. Das Privileg kommt demnach nicht nur den öffentlichen Schulen, sondern auch den privaten zu, und den niederen ebensogut wie den höheren, Gymnasien, Universitäten.

Die Frage, ob die sog. „Herbergen zur Heimat" eine Befreiung vom Gebührenäquivalent beanspruchen können, dürfte zu bejahen sein. Die „Herbergen zur Heimat" dienen zur Herbergung reisender Handwerker, [3]) ihre Einrichtungen gereichen deshalb weiteren Personenkreisen zum Nutzen und sie sind daher „gemeinnützige Anstalten". [4])

Aus demselben Grunde dürfte die Befreiung vom Gebührenäquivalent auch bei den sog. „Arbeiterheimen", sowie bei den Gebäuden der Versicherungsanstalten und insbesondere bei den Genesungs- und Invalidenheimen der Versicherungsanstalten zu bejahen sein. [5])

---

[1]) Es stand die Gebührenäquivalentpflicht des Marienstifts in München in Frage; die Verpflichtung wurde aus den oben angegebenen Gründen verneint.

[2]) Vgl. dazu auch § 55 der Ausführungsbestimmungen des Bundesrats z. RStempelG. (GBBl. 1906 S. 368), wonach ebenfalls als „milder Zweck" nur die Unterstützung hilfsbedürftiger Personen angesehen wird.

[3]) Vgl. OLG. Hamburg, Urt. vom 26. Oktober 1906 (OLGRspr. XIV S. 6).

[4]) Im Sinne des preußischen Kommunalabgabengesetzes § 24 h sind diese Herbergen Wohltätigkeitsanstalten.

[5]) Vgl. VerwGH., Entsch. vom 4. März 1907 (Samml. Bd. 28 S. 83), wonach die Gebäude der Versicherungsanstalten zwar sozial-

Ebenso dürfte auch kein Gebührenäquivalent vom Besitztum des „Vaterländischen Frauenvereins“ oder seiner Zweigvereine zu erheben sein, da diese als Vereine zu milden Zwecken zu betrachten sind. [1])

Die Befreiung vom Gebührenäquivalent bezieht sich nicht bloß auf solche Realitäten, welche den mehrgenannten Zwecken unmittelbar dienen, sondern überhaupt auf alle sonstigen Objekte, die sich im Eigentum solcher Stiftungen, Anstalten usw. befinden (FinME. vom 8. Dezember 1879, FinMBl. S. 661). [2])

Vom Gebührenäquivalent sind auch ausländische Eisenbahnverwaltungen für ihre in Bayern befindlichen, zum Eisenbahnbetrieb gehörigen Gebäude befreit (Pfaff GebG. Anm. 6 zu Art. 259). Unter den zur Eisenbahn gehörigen Gebäuden sind insbesondere zu verstehen die Bahnsteige, Bahnsteighallen, Stationsgebäude, Wartesäle, Güterhallen, Reparaturwerkstätten.

6. Eine örtliche Abgabe im Betrage von einem Viertel derjenigen Gebühr, welche aus Anlaß der treffenden Besitz- oder Eigentumsveränderung beziehungweise als Gebührenäquivalent an die k. Staatskasse zu entrichten ist.

1. Den Maßstab für die Höhe der örtlichen Besitzveränderungsabgabe bildet die für die treffende Besitz- oder Eigentumsveränderung, bzw. als Gebührenäquivalent an die Staatskasse zu entrichtende Gebühr (§ 3 Abs. I Satz 1 Vollzbek.).

Die Gebühr beträgt für rechtsgeschäftliche Veränderungen bei einem Wertsgegenstande bis zu 1000 Mk. einschließlich 1 % der Gegenstandssumme, bei einem Wertsgegenstande von über 1000 Mk. bis 2000 Mk. einschließlich 1½ % der Gegenstandssumme, in allen übrigen Fällen 2 % (Art. 146 GebG.); ohne Rücksicht auf den Wert beträgt aber die Gebühr stets nur 1 % der Gegenstandssumme bei Verträgen zwischen Verwandten oder Stiefverwandten in gerader Linie oder zwischen Ehegatten oder zwischen Geschwistern (Art. 146 Abs. I Ziff. 1 a). [3])

---

politische Wohlfahrtseinrichtungen, aber keine öffentlichen Wohltätigkeitsanstalten sind, während letzteres bei den Genesungs- und Invalidenheimen der Versicherungsanstalten zutrifft.

[1]) LG. Landsberg a. W., Urt. vom 1. April 1903 (Lobes Ztbl. f. fr. Gb. Bd. V S. 29).

[2]) Aber nicht auch bezüglich der Waldungen, die solchen Stiftungen ꝛc. gehören.

[3]) In diesen Fällen kommt es auch nicht zur Erhebung der örtlichen Besitzveränderungsabgabe, siehe oben Erl. Ziff. 4.

Nur 1% vom Wert des Grundbesitzes beträgt ferner auch die Gebühr bei den Nachlaßauseinandersetzungen, sowie bei den Auseinandersetzungen in Ansehung des Gesamtguts einer Gütergemeinschaft, sei es einer ehelichen oder fortgesetzten (Art. 147 GebG.).[1] Für die Berechnung der Gebühr ist bei den ersteren Auseinandersetzungen der gesamte Wert des Nachlasses maßgebend, während bei den Gesamtgutsauseinandersetzungen die Gebühr nur aus dem halben Wert des Gesamtguts erhoben wird (Art. 147 Abs. II GebG.).[2]

Die 1%ige Gebühr des Art. 147 GebG. wird auch für solche Nachlaßauseinandersetzungen geschuldet, bei denen lediglich die infolge des Erbgangs bestehende Gemeinschaft zur gesamten Hand in eine Gemeinschaft nach Bruchteilen nach Maßgabe der Erbteile umgewandelt wird; nur wird hier auf die Vertragsgebühr die nach Art. 252 GebG. für den Erbgang bereits entrichtete Besitzveränderungsgebühr angerechnet, Art. 148 GebG.

Die vertragsmäßige Besitzveränderungsgebühr von 1% des Grundstückswertes wird ferner auch in Fällen der Erbanteilsabtretung erhoben, wenn infolge dieser Erbanteilsabtretungen der Erwerber der Anteile diese alle in seiner Hand vereinigt und dadurch Alleineigentümer der Nachlaßgrundstücke wird (Art. 149 Abs. I GebG.).

Das gleiche ist der Fall, wenn bei der fortgesetzten Gütergemeinschaft ein solcher Eigentumserwerb sich als Folge von Verzichten seitens der Abkömmlinge auf ihren Anteil am Gesamtgute ergibt (Art. 149 Abs. II GebG.).[3]

2. Die Besitzveränderungsgebühr nach Art. 252 GebG. für die nicht rechtsgeschäftlichen Eigentumsveränderungen beträgt beim Erwerb von Erbschaften, Vermächtnissen[4] oder Schenkungen von Todes wegen, sowie bei Sukzession in Lehen, Familienfideikommisse,

---

[1]) Art. 147—149 GebG. wurden erst durch die Gebührengesetznovelle vom 20. August 1906 geschaffen.

[2]) Die Gesamtgutsauseinandersetzungen kommen aber, wie schon oben gesagt (S. 14), für die örtliche Besitzveränderungsabgabe nicht in Betracht, weil hier immer nur Verwandte in gerader Linie beteiligt sind.

[3]) Zum Anfall einer örtlichen Besitzveränderungsabgabe kommt es aber wegen des Verwandtschaftsverhältnisses der Abkömmlinge auch hier nicht.

[4]) Hier kommt nur das Vindikationslegat auf Grund der Vorschriften des internationalen Privatrechts oder der Uebergangsbestimmungen in Betracht (Pfaff GebG. Anm. 8 zu Art. 253).

Majorate, Stamm- oder Erbgüter 1 % des Grundstückswertes, ausgenommen die Fälle, in denen der Erwerb an Ehegatten, Verwandte oder Stiefverwandte in absteigender Linie [1]) fällt. Die letztgenannten Personen haben bei diesem erbschaftsweisen Erwerb überhaupt keine Besitzveränderungsgebühr zu entrichten (Art. 253 Abs. I Ziff. 1 lit. a, Abs. III GebG.).

Bei sonstigen [2]) Uebergängen auf die Verwandten oder Stiefverwandten in gerader Linie [3]), auf die Ehegatten oder auf die Geschwister [4]) beträgt die Besitzveränderungsgebühr ebenfalls nur 1 % des Grundstückswertes [5]) (Art. 253 Abs. I Ziff. 1 lit. b GebG.).

Die gleiche Besitzveränderungsgebühr kommt zur Erhebung bei Grundstückswerten bis zu 1000 Mk. einschließlich.

Bei Grundstückswerten von über 1000 Mk. bis 2000 Mk. einschließlich beträgt die Besitzveränderungsgebühr 1½ % des Wertsgegenstandes und in allen übrigen Fällen ist sie 2 % (Art. 253 Abs. I Ziff. 2 u. 3 GebG.).

Geht auf eine Mehrheit von Personen das Grundeigentum über, so ist die Besitzveränderungsgebühr nach den Anteilsrechten der einzelnen Personen gesondert zu berechnen und zwar gilt hier die Erbengemeinschaft [6]) als eine Gemeinschaft nach Bruchteilen (Art. 253 Abs. II GebG.).

Sind bei einer solchen Personenmehrheit einzelne der Beteiligten von der Besitzveränderungsgebühr befreit, [7]) so ist von diesen natürlich auch eine Besitzveränderungsgebühr nicht zu erheben (FinMBek. vom 8. Januar 1907 Abs. V Ziff. 1, JMBl. S. 11, FinMBl. S. 43).

Eine Zurückvergütung der Besitzveränderungsgebühr und damit auch der örtlichen Besitzveränderungsabgabe hat dann statt, wenn der Erbe einem Vermächtnisnehmer das diesem vermachte Grundstück übereignet, weil für die Uebereignung seitens des

---

[1]) Also nicht auch Verwandte oder Stiefverwandte in aufsteigender Linie oder Geschwister.

[2]) Nicht erbschaftsweisen.

[3]) Sowohl auf- wie absteigender Linie.

[4]) Das sind die in Art 146 Ziff. 1 lit. a bezeichneten Personen.

[5]) Ohne Rücksicht auf die Höhe dieses Wertes.

[6]) Diese ist ja Miteigentum zur gesamten Hand.

[7]) Ehegatten, Verwandte oder Stiefverwandte in absteigender Linie beim erbschaftsweisen Uebergang.

Erben an den Vermächtnisnehmer die rechtsgeschäftliche Besitzveränderungsgebühr nach Art. 146 GebG. zuzüglich der örtlichen Besitzveränderungsabgabe zu entrichten ist (Art. 255 GebG.). [1] [2]

3. Das Gebührenäquivalent beträgt in allen Fällen 1 % des Grundstückswertes.

4. Sowohl die rechtsgeschäftlichen wie die nicht rechtsgeschäftlichen Besitzveränderungsgebühren erfahren bei Grundstückswerten von mehr als 60000 Mk. zunächst auch weiter für die Jahre 1908 und 1909 eine Erhöhung von 10 %, vorausgesetzt, daß sich die Eigentumsveränderungen nicht zwischen Verwandten oder Stiefverwandten in gerader Linie oder zwischen Ehegatten oder zwischen Geschwistern vollziehen (Ges. vom 14. Dezember 1907, die provisorische Erhebung eines Zuschlags zu den Gebühren betr., GVBl. S. 1075, Vollzbek. vom 30. Dezember 1907, JMBl. 1908 S. 3, FinMBl. 1907 S. 479).

Eine örtliche Besitzveränderungsabgabe aus diesem Gebührenzuschlag wird aber wie bisher so auch fernerhin nicht erhoben (Art. 2 des vorgen. Ges.).

5. Die örtliche Besitzveränderungsabgabe beträgt ein Viertel der staatlichen Besitzveränderungsgebühr oder des Gebührenäquivalents. Dadurch ist der Betrag der örtlichen Besitzveränderungsabgabe in ein ganz bestimmtes, unabänderliches Verhältnis zu dem Betrage der für die Besitzveränderung zu erhebenden Staatsgebühr gebracht (Obers tLG., Samml. v. Entsch. i. ZS. Bd. 6 S. 357).

Der Betrag von einem Viertel der Staatsgebühr darf nicht überschritten werden; die Gemeinden sind aber auch nicht befugt, die Erhebung einer Besitzveränderungsgebühr minderen Betrages z. B. von 1/8 der Staatsgebühr zu beschließen (Kahr a. a. O. S. 319).

Diese feste Begrenzung hat ihren Grund in der Rücksichtnahme auf die andernfalls bei der Erhebung der Abgabe entstehenden Schwierigkeiten (a. a. O.).

[1] Die Gebühr beträgt — falls nicht die Voraussetzungen des Art. 146 Abs. I Ziff. 1 und 2 GebG. vorliegen — 2 % nach Art. 146 Abs. I Ziff. 3 GebG., da es sich bei diesen Uebereignungen nicht um Nachlaßauseinandersetzungen handelt, ObersτLG., Beschl. vom 15. Mai 1905 (Samml. Bd. 6 S. 319).

[2] Wegen Anrechnung der Besitzveränderungsgebühren auf die Gebühren der früheren Erbanteilsabtretungen, siehe Art. VI der Gebührengesetznovelle vom 20. August 1906.

Ergeben sich bei der Berechnung des Viertels Pfennigbeträge, so werden sie auf einen durch zehn teilbaren Betrag aufgerundet (Vollzbek. § 3 Abs. I).

6. Hat bei Verträgen der eine Teil der Beteiligten auf persönliche Gebührenbefreiung Anspruch, wie z. B. der Fiskus, und wird demnach für zweiseitige Verträge nach Art. 193 GebG. nur die Hälfte der Gebühr erhoben, so beträgt auch die örtliche Besitzveränderungsabgabe nur ein Viertel der Hälfte der Staatsgebühr (OberstLG., a. a. O.).

7. Liegen die Grundstücke, bei denen durch einen notariellen Vertrag Eigentumsveränderungen vorgenommen werden, in den Bezirken verschiedener Gemeinden, und erhebt eine oder erheben mehrere der Gemeinden örtliche Besitzveränderungsabgaben, so ist der Wert der in den einzelnen Gemeinden gelegenen unbeweglichen Sachen in der Urkunde[1]) gesondert vorzutragen, und ist die örtliche Besitzveränderungsabgabe nach dem Verhältnis des auf diese Grundstücke treffenden Teils der Staatsgebühr in Ansatz zu bringen (Vollzbek. § 3 Abs. II).

8. Ebensowenig wie der Anfall der staatlichen Besitzveränderungsgebühr bei den rechtsgeschäftlichen und sonstigen Eigentumsveränderungen durch das Reichserbschaftssteuergesetz berührt wird, ebensowenig ist dies auch bezüglich des Anfalls der örtlichen Besitzveränderungsabgabe bei diesen Eigentumsveränderungen der Fall (§ 29 Vollzbek. z. RESt G., GVBl. 1906 S. 509).

7. Bei Tauschverträgen über unbewegliche Sachen, welche im Bezirke verschiedener Gemeinden gelegen sind, findet die Erhebung der örtlichen Abgabe nach dem Verhältnis des Wertes der einzelnen Objekte statt.

1. Tauschverträge werden nach Art. 187 GebG. bewertet; es wird also bei Gleichheit der Gebührensätze die Gebühr nach dem größeren Werte der Leistung oder Gegenleistung berechnet. Bei Verschiedenheit der Gebührenhöhe ist die Gebühr aus jenem Werte zu berechnen, welcher den höheren Betrag ergibt[2])

---

[1]) Es wird jedoch auch der Vortrag beim Gebührenvermerk (§ 158 NotGeschO.) genügen.

[2]) Es wird also nur einmal die Gebühr erhoben; vgl aber Müller in FinBl Bd. XIV S. 197, der mit beachtenswerten Gründen für die Tauschverträge die gleiche Bewertung wie für einen doppelten Kaufvertrag verlangt.

Z. B. A vertauscht an B ein Grundstück im Werte von 3000 Mk. gegen ein solches von 2900 Mk.; hier wird die Gebühr des Art. 146 mit 2% aus 3000 Mk. berechnet. Vertauscht A an B ein Gut im Werte von 20000 Mk. nebst Inventar im Werte von 5000 Mk. gegen einen Wald im Werte von 15000 Mk. und 10000 Mk. Baraufgabe, so beträgt die Gebühr 2% aus 20000 Mk. und 3‰ aus 5000 Mk. (Pfaff a. a. O. S. 252).

Was die örtliche Besitzveränderungsabgabe betrifft, so findet bei Tauschverträgen über Grundstücke, die zu verschiedenen Gemeinden gehören, die Erhebung der Abgabe nach dem Verhältnis des Wertes der einzelnen Objekte in folgender Weise statt: wird ein in der Gemeinde A gelegenes Grundstück im Werte von 100000 Mk. gegen ein in der Gemeinde B gelegenes Grundstück von 60000 Mk. und eine Tauschaufgabe von 40000 Mk. vertauscht und wird bei den beiden Gemeinden die örtliche Besitzveränderungsabgabe erhoben, so treffen von der aus Anlaß dieses Tausches zu erhebenden örtlichen Besitzveränderungsabgabe, die bei einer Staatsgebühr von 2000 Mk. im ganzen 500 Mk. beträgt, $^{10}/_{16}$ = 312.50 Mk. auf die Gemeinde A und $^{6}/_{16}$ = 187.50 Mk. auf die Gemeinde B. Hat nun die Gemeinde A die Befugnis zur Erhebung einer örtlichen Besitzveränderungsabgabe, so kommt die letztere nur für das in der Gemeinde A gelegene Grundstück mit 312.50 Mk. zur Erhebung (§ 3 Abs. III Vollzbek.).

2. Eine eigenartige Behandlung erfährt der Arrondierungstausch; dieser liegt dann vor, wenn zwei oder mehrere Grundstückseigentümer durch Tausch von land- oder forstwirtschaftlichen Grundstücken ihren ganzen Grundbesitz oder einen Teil desselben behufs günstigerer Bewirtschaftung in Zusammenhang bringen; hier wird für den Tausch keine staatliche Besitzveränderungsgebühr und damit auch eine örtliche Besitzveränderungsabgabe nicht erhoben (Art. 154 Abs. I GebG.).[1]

Sind die Voraussetzungen des Arrondierungstausches zwischen zwei Grundstückseigentümern nur auf einer Seite gegeben, so wird zwar eine Staatsgebühr erhoben, aber nur eine solche von 1% nach Art. 146 Ziff. 1 GebG. (Art. 154 Abs. II a. a. O.).

---

[1]) Soweit aber noch bayerisches Liegenschaftsrecht gilt, findet gemäß Art. 311 GebG. noch Art. 119 GebG. in der Fassung von 1892 Anwendung.

Der Gebührenbewertung nach Art. 146 GebG. überhaupt — also der 1%igen, 1½%igen, oder 2%igen Gebühr — unterliegt der Mehrwert des eingetauschten Grundstücks gegenüber dem vertauschten Grundstück (Art. 154 Abs. III a. a. O.).

Ueber die Voraussetzungen des Arrondierungstausches entscheiden bei Streit nach Art. 195 GebG. die Verwaltungsbehörden und zwar auch dann, wenn der Streit in einer beim Gericht anhängigen Sache als Zwischenstreit entsteht, OberstLG., Beschl. vom 30. Dezember 1902 (Samml. Bd. 3 S. 1073).

8. Die Beschlußfassung über die Einführung der örtlichen Besitzveränderungsabgaben steht in den Landesteilen diesseits des Rheins dem Magistrat unter Zustimmung der Gemeindebevollmächtigten, in Landgemeinden dem Gemeindeausschusse unter Zustimmung der Gemeindeversammlung, dann in der Pfalz dem Gemeinderate zu.

1. Die Beschlußfassung der Gemeindevertretung muß in rechtsgültiger Weise zustande kommen; es müssen auch die Beschlüsse in der vorschriftsmäßigen Form zur Beurkundung gelangen und zu den Akten gebracht werden (Bek. vom 2. Oktober 1898 Ziff. 4; abgedruckt siehe hinten).

In den Stadtgemeinden rechts des Rheins kommt die Beschlußfassung dem Magistrat unter Zustimmung des Gemeindekollegiums zu.

Daraus folgt, daß die Beschlüsse in Plenarsitzungen zu fassen sind (Art. 102 Abs. III rechtsrh. GemO.).

Zur Gültigkeit eines Plenarbeschlusses der Magistrate wird erfordert, daß alle im Gemeindebezirk anwesenden Magistratsmitglieder, sofern die Sitzungstage nicht vorausbestimmt sind, besonders eingeladen wurden, daß mehr als die Hälfte der gesetzlichen Zahl[1]) der Mitglieder an der Beratung und Abstimmung teilgenommen hat und endlich, daß die Mehrheit der Abstimmenden[2]) für dieselbe Meinung sich ausgesprochen hat (Art. 102 Abs. II Ziff. 1—3 GemO.).

Die Plenarsitzungen haben öffentlich stattzufinden (Art. 105 Abs. I GemO.).

Ebenso müssen auch die Sitzungen der Gemeindebevollmächtigten öffentlich sein (Art. 117 Abs. I GemO.).

---

[1]) Vgl. Art. 71 Ziff. 1—3 diesrh. GemO.

[2]) Nicht der Anwesenden.

Zur Gültigkeit eines Beschlusses der Gemeindebevollmächtigten ist gleich wie beim Magistrat erforderlich, daß alle im Gemeindebezirk anwesenden Gemeindebevollmächtigten, soferne die Sitzungstage nicht vorausbestimmt sind, besonders eingeladen wurden, daß mehr als die Hälfte der gesetzlichen Mitgliederzahl[1]) an der Beratung und Abstimmung teilgenommen hat, und daß die Mehrheit der Abstimmenden für dieselbe Meinung sich ausgesprochen hat (Art. 117 Abs. II Ziff. 1—3 a. a. O.).

Wenn das Gemeindekollegium im Gegensatz zum Magistrat der Einführung der örtlichen Besitzveränderungsabgabe zunächst nicht zugestimmt hat, der Magistrat aber doch auf seinem Beschlusse beharrt, hat es zu einer gemeinschaftlichen Sitzung der beiden Korporationen zu kommen. Vgl. des Näheren hierüber Art. 114 GemO.

2. In den Landgemeinden rechts des Rheins hat über die Einführung der örtlichen Besitzveränderungsabgabe der Gemeindeausschuß unter Zustimmung der Gemeindeversammlung zu beschließen.

Ein gültiger Beschluß des Gemeindeausschusses liegt nur dann vor, wenn alle im Gemeindebezirk anwesenden Mitglieder gehörig geladen sind[2]) und mehr als die Hälfte der gesetzlichen Mitgliederzahl an der Beratung und Abstimmung teilgenommen hat (Art. 145 Abs. II GemO.).[3])[4])

Die Beschlußfassung geschieht durch absolute Stimmenmehrheit; bei Stimmengleichheit erfolgt der Stichentscheid durch den Vorsitzenden.

Ueber die Beschlüsse ist ein fortlaufendes[5]) Protokoll zu führen (Art. 145 Abs. III GemO.).

Dieses Protokoll soll erkennen lassen, ob alle im Gemeindebezirk anwesenden Mitglieder des Gemeindeausschusses gehörig geladen worden sind und ob mehr als die Hälfte der gesetzlichen

---

[1]) Vgl. Art. 108 Abs. 3 mit Art. 71 Abs. 1 Ziff. 3 und Art. 73 Abs. 1 rechtsrh. GemO.

[2]) Bezüglich des „gehörigen Geladenseins", so kommt es hierbei auf die örtlichen Verhältnisse und Gepflogenheiten an (Kahr a. a. O. Anm. 4 zu Art. 145 Gem.O.).

[3]) Beschlußfassung im Wege des Zirkulars ist unzulässig.

[4]) Mitglied des Gemeindeausschusses ist auch der Beigeordnete; er hat daher als solches auch jederzeit — nicht bloß bei Verhinderung des Bürgermeisters — an den Beratungen und Abstimmungen teilzunehmen.

[5]) Keine Aufnahme der Protokolle auf fliegende Blätter.

Mitgliederzahl an der Beratung und Abstimmung teilgenommen hat, dann was das Ergebnis der Abstimmung gewesen ist. Die Protokolle sind von den anwesenden Ausschußmitgliedern zu unterschreiben [1]) (ME. vom 26. März 1887, Geschäftsführung der Landgemeinden betr., MABl. S. 119).

Voraussetzung eines gültigen Beschlusses der Gemeindeversammlung ist, daß entweder alle Stimmberechtigten [2]) anwesend sind oder daß die Versammlung in herkömmlicher Weise [3]) berufen ist (Art. 146 GemO.).

Im Gesetze ist die Zustimmung einer bestimmten Anzahl von Gemeindebürgern nicht verlangt, ebenso ist auch nicht neben der Stimmenmehrheit ein bestimmtes Verhältnis der Steuerzahlung auf Seite der Zustimmenden verlangt. Daraus folgt, daß ein gültiger Beschluß von der Gemeindeversammlung schon durch die absolute Stimmenmehrheit der Anwesenden gefaßt werden kann; jedoch muß mehr als die Hälfte der Stimmberechtigten erscheinen oder mehr als die Hälfte der durch die Gemeindebürgerschaft abzugebenden Stimmen vertreten sein (Art. 149 I GemO.).[4])

Was die Form der Abstimmung in der Gemeindeversammlung anlangt, so kann die Abstimmung sowohl mündlich als schriftlich erfolgen.

Ueber die Verhandlung ist ebenfalls ein Protokoll zu errichten, aus dem das Vorhandensein der Voraussetzungen der Rechtsgültigkeit des Beschlusses zu erkennen sein muß. Es hat also insbesondere zu enthalten: die Zahl der Stimmberechtigten, die Zahl der Anwesenden, sowie das Ergebnis der Abstimmung; ferner gehört zum Inhalt des Protokolls, daß in ihm auf die voraus-

[1]) Anders bei den Protokollen über die Gemeindeversammlungsbeschlüsse, siehe unten.

[2]) Das sind die Gemeindebürger, soweit sie nicht, wie z. B. diejenigen, welche die bürgerlichen Ehrenrechte nicht besitzen, von der Ausübung des Stimmrechts ausgeschlossen sind (Kahr a. a. O., Anm. 3 zu Art. 146).

[3]) „Herkömmlicher Weise" ist gleichbedeutend mit „ortsüblicher Weise" (a. a. O., Anm. 5 zu Art. 146).

[4]) Die Gültigkeit eines Gemeindeversammlungsbeschlusses ist also — kurz gesagt — dadurch bedingt, daß mehr als die Hälfte der Stimmberechtigten bei der Versammlung und zwar bei der Abstimmung anwesend war und daß mehr als die Hälfte der Anwesenden sich zustimmend verhalten hat (Kahr a. a. O., Anm. 14 zu Art. 146).

gegangene Beratung des Gemeindeausschusses Bezug genommen wird (Art. 146 Abs. II GemO., oben angef. ME. Ziff. 2).

Bei schriftlicher Abstimmung sind die Stimmen für und gegen den Antrag durch Unterschrift der einzelnen Gemeindebürger in das Protokoll aufzunehmen (Art. 146 Abs. II GemO.).

Die Unterzeichnung des Protokolls [1]) geschieht nur durch den Bürgermeister, den Protokollführer und durch zwei Gemeindebürger. [2])

3. In der Pfalz kommt die Beschlußfassung dem Gemeinderate zu.

Voraussetzung eines gültigen Gemeinderatsbeschlusses ist auch hier, daß alle im Gemeindebezirk anwesenden Mitglieder gehörig geladen sind und daß mehr als die Hälfte der gesetzlichen Mitgliederzahl an der Beratung und Abstimmung teilgenommen hat (Art. 78 Abs. II pfälz. GemO.).

Die Beschlußfassung erfolgt durch absolute Stimmenmehrheit; bei Stimmengleichheit entscheidet die Stimme des Vorsitzenden (Art. 78 Abs. III a. a. O.).

Ueber die Beschlüsse ist ebenfalls ein fortlaufendes Protokoll zu führen (a. a. O.).

Zuständig zur Einführung der örtlichen Besitzveränderungsabgaben ist der Gemeinderat allein, eine Mitwirkung der Gemeindeversammlung findet nicht statt.

4. Nach der Beschlußfassung sind die Verhandlungen durch die Distriktsverwaltungsbehörden einschließlich der unmittelbaren Magistrate dem K. Staatsministerium des Innern mit Berichterstattung darüber direkt vorzulegen (Bek. a. a. O.). [3])

Ein besonderer Bericht der Gemeindeverwaltung ist nur dann erforderlich, wenn nicht schon den gemeindlichen Beschlüssen die erforderliche Begründung und Ausführung zur Sache beigefügt ist; auch ist ein Gesuch an das K. Staatsministerium des Innern nicht erfordert (a. a. O.).

9. Die Erhebung der örtlichen Abgabe erfolgt in der Form eines Zuschlags zu der für die Staatskasse zu erhebenden Gebühr.

1. Diese Vorschrift hat nur formale Bedeutung; sie betrifft nur die Art und Weise der Erhebung und der rechnerischen Be-

[1]) Und zwar auch in den Fällen der schriftlichen Abstimmung.

[2]) Also keine Unterzeichnung durch alle anwesenden Gemeindebürger.

[3]) Bezüglich der vorzulegenden Nachweise siehe Erläut. 2 Ziff. 3.

handlung der Abgabe; der „Zuschlag" wird dadurch nicht zu einem Teil der Staatsgebühr (ObersttLG., Beschl. vom 3. Juli 1905, Samml. Bd. 6 S. 438).

Die örtliche Besitzveränderungsabgabe hat ja, wie oben unter Erläut. 3 Anm. 5 dargetan, nach der Rechtsprechung des Obersten Landesgerichts nicht die gleichen Voraussetzungen wie die Staatsgebühr; letztere wird bei den rechtsgeschäftlichen Eigentumsveränderungen an die Urkunde geknüpft, erstere hat zur Voraussetzung eine Aenderung im Besitz oder Eigentum. Daraus folgt, daß nicht immer, wenn eine Staatsgebühr zu entrichten ist, auch eine örtliche Besitzveränderungsabgabe zur Erhebung kommt (ObersttLG., Beschl. vom 5. Juni 1905).[1]

Die örtliche Besitzveränderungsabgabe wird zwar im Anschluß an die Staatsgebühr und als Zuschlag zu dieser erhoben; aber diese Erhebung muß nicht eintreten, und es wurde deshalb die aus dem Wortlaut des Gesetzes vom Obersten Landesgericht in seinem Beschluß vom 21. Oktober 1902 (Samml. Bd. 3 S. 853) gezogene Folgerung, daß da, wo das Gebührengesetz die Erhebung einer Staatsgebühr für Verträge über Grundstücke zuläßt, der Regel nach auch die Erhebung einer örtlichen Besitzveränderungsabgabe an die Gemeinde zugelassen ist, von ihm später wieder aufgegeben (angef. Beschl. vom 5. Juni 1905 und 3. Juli 1905).

2. Aus der Vorschrift, daß die Erhebung der örtlichen Abgabe in der Form eines Zuschlags zu der für die Staatskasse zu erhebenden Gebühr erfolgt, geht hervor, daß bei einer Besitz- oder Eigentumsveränderung der Veräußerer und der Erwerber für die Entrichtung der Besitzveränderungsabgabe ebenso als Gesamtschuldner haften wie für die Entrichtung der Staatsgebühr (ObersttLG., Beschl. vom 31. Mai 1905, Samml. Bd. 6 S. 355).

Die Verbindlichkeit eines Beteiligten zur Entrichtung der örtlichen Besitzveränderungsabgabe wird dadurch nicht berührt, daß Gegenbeteiligter die Gemeinde selbst ist, der gegebenenfalls die örtliche Besitzveränderungsabgabe zukommt und die demnach nicht auch Schuldnerin der Abgabe sein kann (a. a. O.).[2]

3. Die Einhebung der örtlichen Besitzveränderungsabgaben

[1] Samml. Bd. 6 S. 364.

[2] In der Praxis wird aber auch von den bezugsberechtigten Gemeinden, falls diese gebührenpflichtig sind, die Besitzveränderungsabgabe eingehoben.

erfolgt nach den für die Einhebung der Staatsgebühren bestehenden Bestimmungen (§ 6 Vollzbek.). Demnach kommt bei den rechtsgeschäftlichen Eigentumsveränderungen auf Grund der vor den bayerischen Notariaten gepflogenen Verhandlungen die Bewertung und Einhebung der Abgaben den Notaren zu, § 1 Abs. II, §§ 13, 17 VO. vom 23. Dezember 1899, die Ausführung des Reichsgerichtskostengesetzes und des Gebührengesetzes betr. (GVBl. S. 1223), §§ 6, 10, 18 VollzInstr. z. GKG. u. GebG. vom 23. Dezember 1899 (JMBl. S. 343).

Der Betrag der zur Erhebung gelangenden örtlichen Besitzveränderungsabgabe ist von den Notaren ebenso wie die Staatsgebühr auf der Urkunde zu vermerken (§ 158 NotGeschO.) und unter Angabe der bezugsberechtigten Gemeinde im Staatsgebührenregister ausgeschieden von der Staatsgebühr in den Spalten 19 und 20 des Staatsgebührenregisters vorzutragen (§ 4 Vollzbek.).[1])

Die Notare haben auch bis zur Entrichtung der örtlichen Besitzveränderungsabgaben die Aushändigung der Urschriften, Ausfertigungen und Abschriften an die Beteiligten sowie die Vorlage der Urschriften, Ausfertigungen und Abschriften für die Beteiligten an die Gerichte und andere Behörden bei Meidung der persönlichen Haftung zu unterlassen (Art. 292 GebG., Art. 55 NotG., § 290 NotGeschO., § 563 I DA.).[2])

Bei Streit über die Berechtigung der Verweigerung oder der Zurückbehaltung der Ausfertigungen rc. entscheidet das Landgericht (Art. 55 Abs. 2 NotG.).

Eine Vorlage für die Beteiligten im Sinne des Art. 292 GebG. ist aber nicht gegeben, wenn der Notar vor Anlegung des Grundbuchs nach Art. 12 Abs. 3 des NotG. vom 10. November 1861 die von ihm aufgenommenen Urkunden zum Zweck des Vollzugs in Urschrift an das Hypothekenamt übersendet, weil die Vorlage hier Amtssache ist (§ 23 Abs. 2 VollzInstr. z. GKG. u. GebG., § 292 NotGeschO.).[3])

---

[1]) Für das Staatsgebührenregister ist jetzt das in der Bek. vom 25. Dezember 1899 (JMBl. 1900 S. 393) vorgeschriebene Formular maßgebend.

[2]) DA. = Dienstanweisung für die Grundbuchämter r. d. Rh.

[3]) Amtssache ist die Vorlage auch im Geltungsbereich des Grundbuchrechtes dann, wenn es sich um Urkunden über blattfreie Grundstücke handelt, § 560 DA.

Wie bezüglich der Staatsgebühren so ist auch bezüglich der örtlichen Besitzveränderungsabgaben spätestens am 10. jedes Monats über die Anfälle des vorhergehenden Monats mit dem Rentamt abzurechnen, § 13 VollzInstr. z. GKG. u. GebG.

Sind bei der Abrechnung die örtlichen Besitzveränderungsabgaben noch nicht bezahlt, so sind auch hierwegen die von den Urkunden gemachten Ausfertigungen, falls sie nicht etwa wegen der rückständigen Notariatsgebühren vom Notar selbst zurückbehalten werden, an das Rentamt zu übergeben (§ 23 Abs. 1 a. a. O.). Die Abrechnung selbst erfolgt ebenfalls nach den für die Abrechnung über die Staatsgebühren bestehenden Vorschriften.

Es ist stets nur mit einem Rentamt abzurechnen, auch dann, wenn die von dem Notar vereinnahmten oder dem Rentamt als Rückstand überwiesenen örtlichen Besitzveränderungsabgaben Gemeinden zukommen, welche nicht in dem Bezirk desjenigen Rentamts gelegen sind, mit welchem der Notar abzurechnen hat.

Für die Einnahme, Aufbewahrung und Ablieferung der örtlichen Besitzveränderungsabgaben können die Notare keine Hinterlegungsgebühren beanspruchen, Art. 104 NotGeschO.

Auch die Tätigkeit der Notare bei Berechnung und Erhebung der örtlichen Besitzveränderungsgebühren sowie die hierauf bezügliche Buch- und Kassaführung untersteht der Aufsicht der Finanzbehörden Art. 66 NotG., und gelegentlich der Vornahme der örtlichen Gebührenrevision bei den Notaren ist insbesondere auch die Einhebung der örtlichen Besitzveränderungsabgaben zu prüfen, § 62 Abs. 4 VollzInstr. z. GKG. u. GebG.

Infolge rechtsgeschäftlicher Veränderungen können örtliche Besitzveränderungsabgaben außer bei den Notariaten auch bei den Gerichten oder Distriktsverwaltungsbehörden anfallen.

Bei den Gerichten fallen die Gebühren dann an, wenn die Urkunde über die rechtsgeschäftliche Veränderung nicht vor einem bayerischen Notar errichtet ist und deshalb die Auflassung vor dem Grundbuchamt erfolgt (Art. 118 GebG.); dann sind neben den Staatsgebühren auch die örtlichen Besitzveränderungsabgaben von dem rechnungsführenden Gerichtsschreiber zu erheben und zu verrechnen (§ 27 VollzInstr. z. GebG., Pfaff a. a. O. S. 144).[1]

---

[1] Wegen der Tantiemen der Gerichtsschreiber in diesen Fällen siehe Erl. 12 Ziff. 2.

Wegen des bei der Sollstellung, Einhebung und Ablieferung der örtlichen Besitzveränderungsabgaben zu beobachtenden Verfahrens wird in der VollzInstr. zum GebG. (§ 27) ausdrücklich auf die besonderen Vorschriften der Vollzbek. vom 25. Juni 1898 hingewiesen.

Zu einer rechtsgeschäftlichen Eigentumsveränderung vor den Distriktsverwaltungsbehörden kann es im Zwangsenteignungsverfahren kommen.

Im Falle der gütlichen Einigung bei einer Zwangsenteignung (Art. 26 AG. z. ZPO.) kann die Auflassung und Einigung auch vor der Distriktsverwaltungsbehörde beurkundet werden.[1]) (Art. 81 AG. z. BGB.).

Auch hier ist neben der Staatsgebühr, die aus dem Werte des Gegenstandes ohne Abzug der Schulden genommen und gemäß Art. 146 GebG. berechnet wird (Art. 25 GebG.), die örtliche Besitzveränderungsabgabe zu erheben.

Für die Einhebung der Gebühren durch die Bezirksämter sind die §§ 13 ff. VollzVO., sowie §§ 8 ff. VollzInstr. z. GKG. u. GebG. maßgebend.

4. Nach Art. 53 NotG. haben die Notare, soweit nicht besondere Vorschriften maßgebend sind, die Amtsgeschäfte vorläufig unentgeltlich vorzunehmen, wenn die Beteiligten zur Bezahlung der Notariatsgebühren außerstande sind.

Nach Art. 4 GebG. werden in den Angelegenheiten, in welchen die Notare ihre Amtsgeschäfte unentgeltlich vorzunehmen haben, auch Staatsgebühren vorläufig nicht erhoben.[2])

Aus der zuschlagsweisen Erhebung der örtlichen Besitzveränderungsabgaben folgt, daß es auch zu einer Erhebung der örtlichen Besitzveränderungsabgaben in solchen Armensachen nicht kommen kann.

---

[1]) Vgl. auch § 148 II DA.; ObLG., Beschl. vom 10. Juli 1907 (Sammlg. Bd. 8 S. 344). — Anwendbarkeit des Art. 26 AG. z. ZPO. auch bei Abtretung im Wege des Grundstückstausches, ObLG., Beschl. vom 22. September 1905 (Samml. Bd. 6 S. 536).

[2]) Das Verfahren, in welchem die Befreiung von den dem Notar zukommenden Gebühren festgestellt wird, dient auch zur Feststellung der Gebührenfreiheit gegenüber dem Staat, und die Entscheidung, die über die Befreiung von den dem Notar zukommenden Gebühren ergeht, ist für die Befreiung von den Staatsgebühren gleichfalls wirksam, § 4 VollzInstr. z. GKG. u. GebG.

5. Aus der Erhebung der örtlichen Besitzveränderungsabgaben in der Form eines Zuschlags zur Staatsgebühr ergibt sich weiter auch die **Zuständigkeit** zur Entscheidung von Streitigkeiten über die Erhebung der örtlichen Besitzveränderungsabgaben in den einzelnen Fällen. Diese Zuständigkeit bemißt sich nach der Zuständigkeit für die Entscheidung von Streitigkeiten über die Erhebung der Staatsgebühren (Oberst. LG., Beschl. vom 9. Juli 1901, Samml. Bd. 2 S. 520; Beschl. vom 17. Juli 1905, Samml. Bd. 6 S. 473).

Die Zuständigkeit ist demgemäß verschieden, je nachdem es sich um den Anfall von örtlichen Besitzveränderungsabgaben auf Grund eines Rechtsgeschäftes, insbesondere einer **notariellen** Beurkundung oder aus einem anderen Rechtsgrunde handelt (Vollzbek. § 10 Abs. 3).

a) **Ersterenfalls** geben Art. 47—52 GebG. maß.

Gegen den Ansatz von örtlichen Besitzveränderungsabgaben, die bei einem Notariat anfallen, kann sich demnach der Zahlungspflichtige[1]) zunächst um Abhilfe an die zuständige Regierungsfinanzkammer wenden (Art. 47 Abs. 2 GebG). Gewährt die Finanzkammer keine Abhilfe oder erläßt sie innerhalb sechs Wochen überhaupt keine Entschließung, dann steht das Rechtsmittel der Beschwerde an das Landgericht offen, in dessen Bezirk das betreffende Notariat seinen Sitz hat.[2])

Für die Beschwerdeerhebung besteht keine Frist; sie kann also jederzeit erhoben werden, solange nicht Verjährung gemäß Art. 124, 125 AG. z. BGB. eingetreten ist (Pfaff a. a. O. Anm. 2 zu Art. 47).

Was die **Form** der Beschwerde anlangt, so kann diese vom Zahlungspflichtigen bei dem Beschwerdegericht, also dem zuständigen Landgerichte, durch Einreichung einer Beschwerdeschrift oder durch Erkärung zum Protokoll des Gerichtsschreibers des Landgerichts eingelegt werden.

Die Beschwerdeschrift braucht nicht von einem Rechtsanwalt unterzeichnet zu sein;[3]) sie kann also von dem Zahlungspflichtigen selbst abgefaßt werden.

---

[1]) Das ist derjenige, der die Tätigkeit des Notars veranlaßt hat.

[2]) Eine vorherige Inanspruchnahme der Regierungsfinanzkammer ist es nur dann nicht nötig, wenn die örtlichen Besitzveränderungsabgaben nicht sofort vom Notar erhoben, sondern erst von der Regierungsfinanzkammer auf Grund einer Revision oder Inspektion nachgefordert werden.

[3]) Im Gegensatz zur Beschwerdeschrift bei der **weiteren** Beschwerde, siehe unten.

Das Streitverfahren hinsichtlich der Zahlungspflicht ist ein kontradiktorisches Verfahren, in dem sich die Staatskasse und die gebührenpflichtige Person gegenüber stehen. Gegenstand des Verfahrens ist die öffentlichrechtliche Verpflichtung zur Zahlung der Gebühren und Abgaben. Daraus folgt, daß in diesem Verfahren nur über die Verpflichtung zur Zahlung der Gebühren auf Grund des Gebührengesetzes, nicht auf Grund einer anderen rechtlichen Tatsache wie z. B. Anerkenntnis, Schuldübernahme entschieden werden kann (ObersttLG., Beschl. vom 22. April 1901, Samml. Bd. 2 S. 231; Beschl. vom 31. Oktober 1901, Samml. Bd. 2 S. 672; Beschl. vom 12. Dezember 1904, Samml. Bd. 5 S. 656; Beschl. vom 10. Oktober 1906, Samml. Bd. 7 S. 490; Beschl. vom 15. April 1907, Samml. Bd. 8 S. 128; Beschl. vom 17. Juni 1907, Samml. Bd. 8 S. 264).[1])

Der Streit ist seiner rechtlichen Natur nach nicht eine Angelegenheit der freiwilligen Gerichtsbarkeit, sondern eine solche der streitigen Gerichtsbarkeit (vgl. insbesondere den letzterwähnten Beschluß des Obersten Landesgerichts vom 17. Juni 1907).[2])

Vor Erlaß der Entscheidung seitens des Beschwerdegerichts ist die Beschwerde der Regierungsfinanzkammer zur Aeußerung mitzuteilen (Art. 48 Abs. 3 GebG.)[3]), damit dieser die Möglichkeit geboten wird, die Gründe für den Ansatz oder die Nachforderung der Gebühren darzulegen. Eine aufschiebende Wirkung hat die Beschwerde nicht (Art. 48 Abs. 4 GebG.); die Entrichtung der Gebühren und Abgaben hat also ohne Rücksicht auf die Beschwerdeeinlegung zu erfolgen.

---

[1]) Es ist in diesem Verfahren nur darüber zu entscheiden, ob der Ansatz der Gebühr gerechtfertigt ist, nicht auch über die Zurückzahlung des erhobenen Gebührenbetrags samt Zinsen, wenn der Ansatz der Gebühr für ungerechtfertigt erachtet wird (Beschl. vom 17. Juni 1907, a. a. O.).

[2]) Daraus folgt, daß auch der für eine Beweisaufnahme bestimmte Termin den Parteien bekannt gemacht werden muß, damit es ihnen möglich ist, der Beweisaufnahme beizuwohnen (§ 357 ZPO.), Oberst. LG., Beschl. vom 6. Dezember 1905, Samml. Bd. 6 S. 721.

[3]) Unzulässigkeit der Bestimmung einer Frist seitens des Landgerichts bei Mitteilung der Beschwerde, ObersttLG., Samml. Bd. 3 S. 894; bei Entscheidung ohne solche Mitteilung müßte die Entscheidung als verfrüht aufgehoben werden, ObersttLG., Beschl. vom 20. November 1905, Samml. Bd. 6 S. 669.

Gegen die Entscheidung des Landgerichts steht nur noch das Rechtsmittel der weiteren Beschwerde zum Obersten Landesgericht offen, jedoch nur unter der Voraussetzung, daß die Entscheidung des Landesgerichts auf einer Gesetzesverletzung beruht (Art. 49 GebG.).[1] Für die Einlegung der weiteren Beschwerde besteht eine Frist von zwei Wochen von der Bekanntmachung der landgerichtlichen Entscheidung an.[2]

Was die Art und Weise der Einlegung der Beschwerde betrifft, so kann diese durch Einreichung einer Beschwerdeschrift oder durch Erklärung zu Protokoll erfolgen.

Für die Aufnahme der letzteren Erklärung ist nur der Gerichtsschreiber des Landgerichts, dessen Entscheidung angefochten wird, oder der Gerichtsschreiber des Obersten Landesgerichts zuständig.[3]

Bei Einlegung der Beschwerde durch Einreichung einer Beschwerdeschrift muß diese von einem Rechtsanwalt[4] unterzeichnet[5] sein, es sei denn, daß die Beschwerde von einer Behörde z. B. einem Stadtmagistrat eingelegt wird.

b) Handelt es sich um den Anfall von örtlichen Besitzveränderungsabgaben infolge einer anderen rechtlichen Tatsache als der eines Rechtsgeschäfts, also z. B. infolge von Beschlüssen oder Entscheidungen der Behörden, von Erbfällen, so gibt Art. 252 GebG. maß.[6]

---

[1]) Die Gerichte können gegebenenfalls als Zwischenpunkt (inzidenter) auch die Frage der rechtsförmlichen Einführung der örtlichen Besitzveränderungsabgaben würdigen (Kahr a. a. O. S. 319).

[2]) Wegen der Voraussetzungen der Wiedereinsetzung bei Versäumung der Beschwerdefrist siehe OberstLG., Beschl. vom 18. November 1901, Samml. Bd. 2 S. 721.

[3]) Keine Zuständigkeit des Gerichtsschreibers des Gerichts erster Instanz, also des Amtsgerichts, da es sich in den gegebenen Fällen nicht um eine Verfügung eines Gerichts handelt. OberstLG., Beschl. vom 28. Nov. 1904, Bd. 5 S. 606; Beschl. vom 18. Juni 1906, Bd. 7 S. 353.

[4]) Der Rechtsanwalt muß auch beim Obersten Landesgericht zugelassen sein, OberstLG., Beschl. vom 4. Januar 1896, Samml. Bd. 16 S. 5.

[5]) Notwendigkeit der eigenhändigen Unterzeichnung der Beschwerdeschrift durch den Anwalt; Unterschrift mittels Faksimiledrucks ist nicht genügend (OberstLG., Beschl. vom 1. Oktober 1907, BlfRA. 72. Jahrg. S. 1054; BayZfR. 3. Jahrg. S. 476).

[6]) OberstLG., Beschl. vom 17. Juli 1905 (Samml. Bd. 6 S. 473).

Hiernach werden Streitfragen über solche Besitzveränderungsabgaben zunächst von den Regierungsfinanzkammern entschieden. Gegen die Entscheidung der Regierungsfinanzkammern kann Beschwerde eingelegt werden; die Beschwerde, die innerhalb vierzehn Tagen nach Zustellung des Entscheids der Finanzkammer eingelegt werden muß, geht an den Verwaltungsgerichtshof.

Die Gemeinden selbst haben als solche ein selbständiges Recht der Beschwerde an die Gerichte nach Art. 47 ff. GebG. oder nach Art. 247 GebG. nicht. Ebenso wie ihnen auch nicht das Recht zukommt, die Einleitung des Wertsermittlungsverfahrens nach Art. 40 ff. GebG. zu beantragen (§ 10 Vollzbek.).

Dagegen sind die Gemeinden befugt, von den Gebührenregistern und Ausstandsverzeichnissen bei den Rentämtern Einsicht zu nehmen.[1])

Etwaige Beschwerden der Gemeinden über den Ansatz von örtlichen Besitzveränderungsabgaben oder über die Abrechnung sind bei der dem abrechnenden Rentamte vorgesetzten Regierungsfinanzkammer einzureichen (§ 10 Abs. 1 und 2 Vollzbek.).

6. Die örtlichen Besitzveränderungsabgaben sind allmonatlich von den Rentämtern an die bezugsberechtigten Gemeinden auszubezahlen (§ 8 Vollzbek.).

Erfolgen Auszahlungen an nicht zum Bezirk des auszahlenden Rentamts gehörige Gemeinden, so ist von den Auszahlungen auch demjenigen Rentamte Mitteilung zu machen, zu dessen Bezirk die bezugsberechtigte Gemeinde gehört (FinMBek. vom 8. Januar 1906, FinMBl. S. 39, MABl. S. 90).

Die Mitteilungen sind von den empfangenden Rentämtern sorgfältig zu sammeln und aufzubewahren. Die einschlägigen Bezirksämter und Gemeindeverwaltungen sind befugt, von den Mitteilungen Einsicht zu nehmen (a. a. O.).

Seitens der Rentämter ist am Schlusse eines jeden Jahres mit jeder Gemeinde, für welche im Laufe des Jahres örtliche Besitzveränderungsabgaben angefallen sind, über den gesamten Sollanfall unter Ausweis der Rückstände und Nachlässe Abrechnung zu pflegen (§ 8 Abs. 2 Vollzbek.).

Eine Abschrift dieser Abrechnung ist von den Rentämtern bis zum 1. Mai jedes Jahres der Regierungsfinanzkammer jenes

[1]) Ein solches Einsichtsrecht wird den Gemeinden wohl auch bezüglich der Gebührenregister bei den Notariaten zustehen.

Regierungsbezirks vorzulegen, in welchem die bezugsberechtigte Gemeinde gelegen ist (a. a. O.).

Von den Regierungsfinanzkammern wieder ist auf Grund der Abrechnungen eine Uebersicht der für die einzelnen Gemeinden zum Anfall gelangenden örtlichen Besitzveränderungsabgaben herzustellen und diese Uebersicht ist bis zum 15. Mai eines jeden Jahres dem K. Staatsministerium der Finanzen vorzulegen (a. a. O.).

10. Dieser Zuschlag geht im Range sowie in Beziehung auf die Einbringlichkeit der für die Staatskasse zu erhebenden Gebühr nach; im Uebrigen genießt derselbe die gleichen Rechte und Vorzüge, welche durch das Gebührengesetz den für die Staatskasse zu erhebenden Gebühren beigelegt sind.

1. Das den Rentämtern in Beziehung auf die Beitreibung von Staatsgebühren zustehende Zwangsvollstreckungsrecht sowie das Recht zur Ergreifung etwaiger Sicherheitsmaßregeln erstreckt sich auch auf die örtliche Besitzveränderungsabgabe (§ 6 Vollzbek.).

Es erfolgt demnach auch die Beitreibung rückständiger örtlicher Besitzveränderungsabgaben durch die Rentämter im Wege des administrativen Zwangsvollzugs (Art. 291 Abs. 1 GebG.).[1])

Dagegen kann für die örtlichen Besitzveränderungsabgaben wohl nicht, wie für die Staatsgebühren, die Eintragung einer Sicherungshypothek an den Grundstücken des Schuldners gemäß Art. 123 AG. z. BGB. verlangt werden, da dieser Artikel nur von den Ansprüchen der „Staatskasse“ spricht und eine Ausdehnung der Anordnung des Art. 123 auf die Kosten der Gemeinden bei den Gesetzgebungsverhandlungen ausdrücklich abgelehnt wurde (Becher, Mat. z. d. AG. I S. 571; Böhm-Klein AG. S. 188).

2. In Subhastationen wie in Konkursen genießen die örtlichen Besitzveränderungsabgaben den gleichen Vorzug wie die Staatsgebühren (§ 6 Abs. 2 Vollzbek.).

Die örtlichen Besitzveränderungsabgaben gelten daher sowohl im Subhastationsverfahren des bisherigen bayerischen Rechts wie im reichsrechtlichen Zwangsversteigerungsverfahren als bevorzugte Ansprüche; ersterenfalls zählen sie zu den nach Art. 108 Ziff. 1 SubhO. in erster Reihe aus der reinen Masse zu berichtigenden Posten, letzterenfalls sind sie in die dritte Klasse der bevorzugten Ansprüche nach § 10 Ziff. 3 ZwVG. einzureihen. Im Konkurs-

---

[1]) Die näheren Vorschriften über die Beitreibung sind in der Bek. vom 27. Dezember 1899 (FinMBl. S. 355) enthalten.

verfahren kommen die örtlichen Besitzveränderungsabgaben als bevorzugte Forderungen nach § 61 Ziff. 2 KO. in der zweiten Klasse mit den übrigen öffentlichen Abgaben zum Zug.

3. Bevor eine Eintragung im Grundbuch erfolgen darf, muß dem Grundbuchamt der Nachweis der Entrichtung oder Hinterlegung der örtlichen Besitzveränderungsabgaben erbracht sein (§ 6 Abs. 2 Vollzbek.; Art. 293 GebG.).

Nach Satz 2 des Art. 293 GebG. bedarf es übrigens dieses Nachweises nicht, wenn die Eintragung auf Grund einer von einem bayerischen Notar errichteten oder beglaubigten Urkunde beantragt wird, weil hier gemäß Art. 292 GebG. schon der Notar persönlich haftet, wenn er Urkunden vor Entrichtung der betreffenden Gebühren ausgehändigt hat.

Anders ist es für den Verkehr mit dem Hypothekenamt; hier gilt die Vorlegung der Urkunden durch den Notar zum Vollzug nicht als eine „Vorlage für die Beteiligten", sondern geschieht von Amts wegen (§ 290 NotGeschO.).

Nach § 291 NotGeschO. hat der Notar bei der Vorlegung der Urkunde an das Hypothekenamt auch ersichtlich zu machen, ob die örtlichen Besitzveränderungsabgaben bezahlt sind oder nicht, bzw. zu vermerken, ob er sie, um den alsbaldigen Vollzug der Urkunde zu bewirken, vorgeschossen hat.[1])

Im Falle des Vorschießens der örtlichen Besitzveränderungsabgaben hat der Notar dafür als Vergütung ein Prozent der vorgeschossenen Summe zu beanspruchen (Art. 104 Abs. 2 NotGebO.)[2])

Die vom Notar vorgeschossenen gemeindlichen Besitzveränderungsabgaben gelten im Verfahren zur Festsetzung der Notariatsgebühren ebenfalls als „Auslagen" im Sinne des Art. 50 NotG., Kaisenberg-Dennler, Komm. z. NotG. S. 175.

11. Die Befugnis des K. Staatsministeriums der Finanzen zur Gewährung von Stundungen und Nachlässen von Staatsgebühren erstreckt sich auch auf die örtliche Abgabe.

1. In dem gleichen Maße wie bei den Staatsgebühren können auch für die örtlichen Besitzveränderungsabgaben von den Finanzbehörden Stundungen und Nachlässe bewilligt werden.

---

[1]) Mit dem Vorschießen übernimmt der Notar der Staats- und Gemeindekasse gegenüber die Haftung für die Gebühren.

[2]) Ein Vorschießen von Gebühren und Abgaben findet aber bei den auf Rechnung des Staates geführten Notariaten nicht statt, Bek. vom 2. Februar 1902 (JMBl. S. 292, FinMBl. S. 26).

Bei der Bewilligung ist eine vorgängige Einvernahme der bezugsberechtigten Gemeinde nicht geboten (§ 7 Abs. 3 Vollzbek.).

Ist ein Gebührenschuldner nicht in der Lage, den vollen Betrag der Staatsgebühren und örtlichen Besitzveränderungsabgaben zu entrichten, sondern leistet er bloß Teilzahlungen, so sind diese zunächst an der zur Staatskasse geschuldeten Gebühr anzurechnen (a. a. O.).

2. Für die rechnerische Behandlung der Rückstände und Nachlässe gelten ebenso wie für die Behandlung von Nachholungen und Rückvergütungen die gleichen Bestimmungen wie für die Staatsgebühren (§ 9 Abs. 2 a. a. O.). Vgl. dazu auch Hock, Handb. d. FinanzVerw. §§ 86, 87, 88, 90; Geret, VOSamml. Bd. 24 S. 51.

12. Die näheren Vorschriften über die Erhebung der örtlichen Abgabe und die den perzipierenden Beamten hierfür zu gewährende Vergütung werden vom K. Staatsministerium der Finanzen erlassen.

1. Diese Vorschriften sind enthalten in der mehrerwähnten Vollzugsbekanntmachung vom 25. Juni 1898 (abgedruckt hinten).

§ 11 der Bekanntmachung bestimmt, daß die Notare und die Rentämter für die Einhebung der örtlichen Besitzveränderungsabgaben eine Tantieme von 1 % der Abgaben erhalten sollten.

Diese Tantiemen sind aber jetzt weggefallen.

2. Die Tantiemen der Notare fallen seit dem 1. November 1902 an den Pensionsverein für die bayerischen Notare und an den Pensionsverein für die Witwen und Waisen der bayerischen Notare (§ 3 VO. vom 1. Februar 1902 den Vollzug der Art. 127, 128 betr., GVBl. S. 21).[1]

Die Notare haben deshalb jetzt die örtlichen Besitzveränderungsabgaben ebenso wie die Staatsgebühren ohne Abzug von Tantiemen in ihrem vollen Betrag an die Rentämter abzuliefern (Bek. vom 2. Februar 1902 § 1, JMBl. S. 295, FinMBl. S. 28); die Rentamtmänner haben mit dem Gebührenquartalsakte den Regierungsfinanzkammern eine Uebersicht über die Tantiemen der Notare

---

[1]) Die Zuweisung der Tantiemen an die Pensionsvereine der Notare und ihrer Hinterbliebenen findet auch dann statt, wenn das Notariat auf Rechnung des Verwesers oder vorübergehend oder dauernd auf Rechnung des Staates geführt wird; auch macht es nichts aus, ob der Verweser Notar, Gerichtsbeamter, Notariatsverweser oder sonst eine zur Uebernahme von Notariatsverwesungen nach dem Gesetze zugelassene Person ist; Bek. vom 2. Februar 1902 (JMBl. S. 292, FinMBl. S. 26).

aus den von diesen erhobenen örtlichen Besitzveränderungsabgaben gleich wie über die Tantiemen der Notare aus den von ihnen erhobenen Staatsgebühren vorzulegen (§ 2 a. a. O.).

Die Tantiemen aus den örtlichen Besitzveränderungsabgaben sind an der Ablieferungssumme für die Gemeinden zu kürzen und nach erfolgter Prüfung der Tantiemenübersichten und Anweisung seitens der Regierung der Kreiskasse zuzurechnen, die ihrerseits vierteljährlich mit der Zentralstaatskasse abrechnet.

Der Empfang der Tantiemen aus den örtlichen Besitzveränderungsabgaben ist durch das Rentamt in den mit den Gemeinden zu pflegenden Abrechnungen zu bescheinigen (a. a. O. § 5).

Eine Zuweisung der bei den Notaren anfallenden Tantiemen an die Pensionsvereine der Notare und ihrer Hinterbliebenen findet nur in dem einen Falle nicht statt, wenn bei Bestellung eines Gerichtsbeamten zum Verweser eines ständig unbesetzten Notariats gemäß Art. 108 NotG. die Besorgung des gesamten Gebührenwesens des Notariats nicht dem Notariatsverweser belassen, sondern dem rechnungsführenden Gerichtsschreiber des Amtsgerichts übertragen wird; in diesem Fall bezieht der Gerichtsschreiber die Tantiemen (Bek. vom 2. Februar 1902, JMBl. S. 292, FinMBl. S. 26).

Der Gerichtsschreiber bezieht weiter noch die in § 11 der Vollzbek. bestimmten Tantiemen aus den örtlichen Besitzveränderungsabgaben dann, wenn es gemäß Art. 118 GebG. bei Entgegennahme der Auflassung durch das Grundbuchamt zur Erhebung der Besitzveränderungsgebühr nach Art. 146 GebG. kommt. (§ 27 VollzInstr. z. RGKG. und GebG.).

Den Rentämtern liegt zwar auch jetzt noch die Verwaltung der örtlichen Besitzveränderungsabgaben ob (§ 1 b VO. vom 10. Mai 1903, die Neuorganisation der Rentämter betr., GVBl. S. 315, FinMBl. S. 205); aber es kommen auch ihnen keine Tantiemen mehr hierfür zu, da der Bezug der Tantiemen seitens der Rentamtmänner überhaupt aufgehoben ist; an deren Stelle ist jetzt eine nicht pensionsfähige Dienstaufwands- und Funktionszulage getreten (§§ 7, 15 ff. a. a. O.).

II.

Bekanntmachung des K. Staatsministeriums der Finanzen vom 25. Juni 1898, Vollzug des Gesetzes, die Einführung einer Besitzveränderungsabgabe für Gemeinden betr.

(FinMBl. S. 291, JMBl. S. 197, MABl. S. 410).

Im Einverständnisse mit den K. Staatsministerien der Justiz und des Innern werden zum Vollzuge des Gesetzes vom 15. Juni 1898, die Einführung einer Besitzveränderungsabgabe für Gemeinden betreffend (GVBl. S. 292) die nachstehenden Bestimmungen getroffen:

§ 1.

Die Bestimmung in Abs. 1 des Gesetzes, wonach die Gemeinden mit Genehmigung des K. Staatsministeriums des Innern befugt sind, bei Veränderungen im Besitze oder Eigentum unbeweglicher, im Gemeindebezirk gelegener Sachen eine örtliche Abgabe von einem Vierteile der für die Staatskasse zu entrichtenden Gebühr zu erheben, bezieht sich sowohl auf diejenigen Besitz- oder Eigentums-Veränderungen, welche sich auf Grund eines notariellen Vertrages vollziehen (Art. 113 ff. des GebG.)[1]), wie auf alle sonstigen Besitzveränderungen (Art. 213 ff. des GebG.)[2]).

Nicht zur Erhebung kommt die örtliche Besitzveränderungsabgabe bei Besitz- oder Eigentums-Veränderungen, wenn und insoweit dieselben zwischen Verwandten oder Stiefverwandten in auf- und absteigender Linie oder zwischen Ehegatten oder Geschwistern erfolgen. Die Bestimmung in

[1]) Jetzt Art. 146 ff. GebG.
[2]) Jetzt Art. 252 ff. GebG.

Art. 114 Abs. 3 des GebG.[1]), wonach bei Mitbeteiligung weiterer Personen die Staatsgebühr nach den Anteilsrechten der einzelnen Personen gesondert zu berechnen ist, findet mithin bei der Berechnung der örtlichen Abgabe gleichmäßig Anwendung.

In gleicher Weise wie bei Veränderungen im Besitze oder Eigentum unbeweglicher Sachen ist die örtliche Besitzveränderungsabgabe auch von Objekten zu entrichten, für welche nach Art. 218 ff. des GebG.[2]) ein Gebühren-Äquivalent für die Staatskasse zum Anfall kommt.

§ 2.

Berechtigt zum Bezuge der örtlichen Besitzveränderungsabgabe ist, soferne die Genehmigung zur Erhebung einer solchen Abgabe seitens des K. Staatsministeriums des Innern erteilt ist, diejenige Gemeinde, in deren Bezirk die unbewegliche Sache, an welcher eine Besitz- oder Eigentumsveränderung eintritt, oder für welche ein Gebühren-Äquivalent zu entrichten ist, gelegen ist.

Die Gemeinden, welche vom K. Staatsministerium des Innern die Ermächtigung zur Erhebung einer örtlichen Besitzveränderungsabgabe erhalten haben, werden im Justizministerialblatt, im Amtsblatt des K. Staatsministeriums des Innern und im Finanzministerialblatt bekannt gegeben werden.

Die K. Notare, wie die K. Rentämter haben ein Verzeichnis derjenigen Gemeinden anzulegen, welchen die Ermächtigung zur Erhebung einer örtlichen Besitzveränderungsabgabe erteilt ist.[3])

---

[1]) Jetzt Art. 146 GebG.

[2]) Jetzt Art. 258 GebG.

[3]) Ein Verzeichnis dieser Gemeinden nach dem Stande vom 7. Mai 1907 findet sich in der Bay. NotZeitschr. VIII. Jahrgg. S. 2 ff.

§ 3.

Den Maßstab für die Höhe der örtlichen Besitzveränderungsabgabe bildet die für die treffende Besitz- oder Eigentumsveränderung, beziehungsweise als Gebühren-Äquivalent an die Staatskasse zu entrichtende Gebühr. Ein Vierteil dieser Gebühr wird neben der vollen, an die Staatskasse zu entrichtenden Gebühr als örtliche Abgabe erhoben. Pfennigbeträge werden auf einen durch zehn teilbaren Betrag aufgerundet.

Liegen unbewegliche Sachen, an deren Besitz oder Eigentum durch einen notariellen Vertrag Änderungen vorgenommen werden, in den Bezirken verschiedener Gemeinden, so ist, soferne eine oder mehrere Gemeinden zur Erhebung der örtlichen Besitzveränderungsabgabe befugt sind, der Wert der in den einzelnen Gemeinden gelegenen unbeweglichen Sachen gesondert vorzutragen und die örtliche Besitzveränderungsabgabe nach dem Verhältnis des auf diese unbeweglichen Sachen treffenden Teils der Staatsgebühr in Ansatz zu bringen.

Bei Tauschverträgen über unbewegliche Sachen, welche in Bezirken verschiedener Gemeinden gelegen sind, findet die Erhebung der örtlichen Besitzveränderungsabgabe nach dem Verhältnisse des Wertes der einzelnen Objekte in folgender Weise statt: Wird ein in der Gemeinde A gelegenes Grundstück im Werte von 100000 Mk. gegen ein in der Gemeinde B gelegenes Grundstück im Werte von 60000 Mk. und eine Tauschaufgabe von 40000 Mk. vertauscht und haben beide Gemeinden die Befugnis zur Erhebung einer örtlichen Besitzveränderungsabgabe, so treffen von der aus Anlaß dieses Tausches zu erhebenden örtlichen Besitzveränderungsabgabe, welche bei einer Staatsgebühr von 2000 Mk. im ganzen 500 Mk. beträgt, $^{10}/_{16} = 312$ Mk. 50 Pfg. auf die Gemeinde A und $^{6}/_{16} = 187$ Mk. 50 Pfg. auf die Gemeinde B. Hat nur die Gemeinde A die Befugnis zur Erhebung einer örtlichen Besitzveränderungsabgabe, so kommt die letztere nur bezüglich des in der Gemeinde A gelegenen Grundstückes mit 312 Mk. 50 Pfg. zur Erhebung.

§ 4.

Der Betrag der zur Erhebung gelangenden örtlichen Besitzveränderungsabgabe ist von den K. Notaren gleich jenen der Staatsgebühr auf der treffenden Urkunde zu vermerken und unter Angabe der bezugsberechtigten Gemeinde im Gebührenregister ausgeschieden von der Staatsgebühr in den zwischen den bisherigen Spalten 21 und 22 unter der Überschrift:

„D örtliche Besitzveränderungsabgabe" neu eingefügten 4 Spalten vorzutragen. Die Bemerkungsspalte trägt mithin statt der bisherigen Nummer 22 die Nummer 26 (Anlage A)[1]).

Die in dieser Weise ergänzten Gebührenregister sind von der Hofbuchdruckerei E. Huber dahier bereits hergestellt. Den K. Notaren bleibt es jedoch unbenommen, die bisherigen Gebührenregister einstweilen fortzubenützen und dieselben veranlaßten Falls durch Einfügung der 4 neuen Spalten zu ergänzen. Hiebei ist indessen zu beachten, daß auch der Vordruck für die Abrechnung mit dem K. Rentamte auf der letzten Seite des Gebührenregisters bei dem Anfall von örtlichen Besitzveränderungsabgaben eine Änderung zu erfahren hat.

Die rentamtlichen Haupt-Übersichten sind durch Einfügung von drei neuen Spalten zwischen den bisherigen Spalten 21 und 22 zu ergänzen. (Anlage B.)[2]) Dieselben können ebenfalls von der Hofbuchdruckerei E. Huber bezogen werden.

---

[1]) Die Anlage ist hier weggelassen. Für das Gebührenregister ist jetzt das in der Vollzugsinstruktion zum Gerichtskostengesetz und Gebührengesetz vorgeschriebene Formular maßgebend (JMBl. 1900 S. 393).

[2]) Die Anlage ist hier weggelassen.

§ 5.

Die Sollstellung derjenigen örtlichen Besitzveränderungsabgaben, welche als Zuschlag zu einer Besitzveränderungsgebühr nach Art. 213 ff. des GebG.[1]) oder als Zuschlag zu einem Gebührenäquivalent zu erheben sind, findet in den rentamtlichen Gebührenregistern in der Weise statt, daß unter derselben Nummer des Gebührenregisters, unter welcher die Sollstellung der staatlichen Gebühr in Spalte 7 bzw. 8 erfolgt, die örtliche Besitzveränderungsabgabe in Spalte 16 und 20 vorgetragen wird. Für die Eintragung der Perzeption und Hinausvergütung der örtlichen Besitzveränderungsabgaben sind die Spalten 23 ff. zu verwenden.

§ 6.

Die Einhebung der örtlichen Besitzveränderungsabgabe erfolgt nach den für die Einhebung von Staatsgebühren bestehenden Bestimmungen. Insbesondere erstreckt sich das den K. Rentämtern in Beziehung auf die Beitreibung von Staatsgebühren zustehende Zwangsvollstreckungsrecht, sowie das Recht zur Ergreifung etwaiger Sicherheitsmaßregeln auch auf die örtliche Besitzveränderungsabgabe.

In Subhastationen wie in Konkursen genießen die örtlichen Besitzveränderungsabgaben den gleichen Vorzug wie die Staatsgebühren. Die Vorschrift in Art. 261 des GebG.[2]) findet auf örtliche Besitzveränderungsabgaben gleichmäßig Anwendung.

Werden Teilzahlungen geleistet, so sind dieselben zunächst an der zur Staatskasse geschuldeten Gebühr anzurechnen. In Beziehung auf die Gewährung von Stundungen und Nachlässen stehen die örtlichen Besitzveränderungsabgaben den Staatsgebühren gleich. Solche Stundungen

---

[1]) Jetzt Art. 252 ff. GebG.

[2]) Jetzt Art. 293 GebG.

und Nachlässe können nach Maßgabe der bestehenden Vorschriften von den Finanzbehörden ohne vorgängige Einvernahme der empfangsberechtigten Gemeinden bewilligt werden.

§ 7.

Die Abrechnung der K. Notare mit den K. Rentämtern über die von ihnen vereinnahmten örtlichen Besitzveränderungsabgaben erfolgt nach den für die Abrechnung über die Staatsgebühren bestehenden Vorschriften.

Die Abrechnung erfolgt stets nur mit einem Rentamte, auch dann, wenn die von dem Notar vereinnahmten oder dem Rentamt als Rückstand überwiesenen örtlichen Besitzveränderungsabgaben Gemeinden zukommen, welche nicht in dem Bezirke desjenigen Rentamtes gelegen sind, mit welchem der Notar abzurechnen hat.

§ 8.

Die Rentämter haben die ihnen von den Notaren[1]) abgelieferten örtlichen Besitzveränderungsabgaben als durchlaufende Posten zu behandeln und nebst den von ihnen selbst vereinnahmten örtlichen Besitzveränderungsabgaben allmonatlich an die bezugsberechtigten Gemeinden auszuzahlen.[2]) Die betreffenden Sendungen unterliegen der Portopflicht auf Kosten der Gemeinden.

Am Schlusse eines jeden Jahres ist seitens der Rentämter mit jeder Gemeinde, für welche im Laufe des Jahres örtliche Besitzveränderungsabgaben angefallen sind, über den gesamten Sollanfall unter Ausweis der Rückstände und Nachlässe Abrechnung zu pflegen. Eine Abschrift dieser Abrechnung haben

---

[1]) Ebenso auch die von den Gerichtsschreibern oder Bezirksämtern abgelieferten Gebühren, siehe Erl. Ziff. 9.

[2]) Wegen der Mitteilungen von den Auszahlungen an andere Rentämter, siehe FinMBek. vom 8. Januar 1906 (FinMBl. S. 39; MABl. S. 90); vgl. auch Erläut. Ziff. 10 Anm. 6.

die Rentämter bis zum 1. Mai jeden Jahres der Regierungsfinanzkammer jenes Regierungsbezirkes vorzulegen, in welchem die bezugsberechtigte Gemeinde gelegen ist. Die Regierungsfinanzkammern haben auf Grund der ihnen zugekommenen Abrechnungen eine Übersicht der für die einzelnen Gemeinden zum Anfall gelangten örtlichen Besitzveränderungsabgaben herzustellen und diese Übersicht bis zum 15. Mai eines jeden Jahres dem K. Staatsministerium der Finanzen in Vorlage zu bringen.

§ 9.

Die Revision der Gebührenregister und zwar sowohl jene bei den K. Regierungsfinanzkammern wie die örtliche Revision hat sich auch auf die Prüfung der Richtigkeit des Ansatzes der örtlichen Besitzveränderungsabgabe und auf den entsprechenden Vollzug der Abrechnung über dieselbe zu erstrecken. Tritt infolge der Revision eine Erhöhung oder Ermäßigung der Staatsgebühr ein, so ist auch der Ansatz der als Zuschlag zu derselben zu Soll gestellten örtlichen Besitzveränderungsabgabe verhältnismäßig zu erhöhen oder zu ermäßigen.

Bezüglich der rechnerischen Behandlung von Nachholungen und Rückvergütungen, dann von Rückständen und Nachlässen gelten für die örtlichen Besitzveränderungsabgaben die gleichen Bestimmungen wie für die Staatsgebühren.

§ 10.

Den zur Erhebung einer örtlichen Besitzveränderungsabgabe befugten Gemeinden steht das Recht zu, von den treffenden Gebührenregistern und Ausstandsverzeichnissen bei den K. Rentämtern Einsicht zu nehmen.[1])

Etwaige Beschwerden der Gemeinden über den Ansatz von örtlichen Besitzveränderungsabgaben oder über die Ab-

[1]) Einsichtnahme auch in die an andere Rentämter über Auszahlungen ergehenden Mitteilungen, siehe Erl. Ziff. 10 Anm. 6.

rechnung bezüglich derselben sind bei der dem abrechnenden Rentamte vorgesetzten K. Regierungsfinanzkammer einzureichen.

Ein selbständiges Recht der Beschwerde an die Gerichte nach Art. 153 f.[1]), dann Art. 211 des GebG.[2]) steht den Gemeinden bezüglich der örtlichen Besitzveränderungsabgabe nicht zu; ebensowenig haben die Gemeinden das Recht, die Einleitung des Wertsermittelungsverfahrens nach Art. 145 des GebG.[3]) zu beantragen.

Bezüglich des Beschwerderechts der Zahlungspflichtigen hat es auch in Beziehung auf die örtliche Besitzveränderungsabgabe bei den Bestimmungen in Art. 153 f.[4]) und Art. 211[5]) des GebG. sein Bewenden.

§ 11.

Für die Besorgung der auf die Sollstellung, Erhebung und Verrechnung der örtlichen Besitzveränderungsabgabe bezüglichen Geschäfte und der hiemit verbundenen Auslagen für Register und Schreibmaterialien erhalten die K. Notare und die Rentamtmänner eine Tantieme von je einem Prozent der von ihnen perzipierten und der bezugsberechtigten Gemeinde verrechneten örtlichen Besitzveränderungsabgabe.[6])

---

[1]) Aufgehoben durch Art. XCIX des Gesetzes vom 9. Juni 1899, Aenderungen des Gesetzes über das Gebührenwesen betr., und ersetzt durch Art. 47 des jetzigen GebG.

[2]) Jetzt Art. 250 GebG.

[3]) Aufgehoben durch Art. XCIX des Gesetzes vom 9. Juni 1899, Aenderungen des Gesetzes über das Gebührenwesen betr., und ersetzt durch Art. 60 und 62 des jetzigen GebG.

[4]) Aufgehoben und ersetzt durch Art. 47 des jetzigen GebG.

[5]) Jetzt Art. 250 GebG.

[6]) Siehe die Erläuterungen zum Gesetz, Ziff. 12.

III.

Bekanntmachung des K. Staatsministeriums des Innern vom 2. Oktober 1898 Gemeindliche Besitzveränderungsabgabe betr.

(MABl. S. 570, JMBl. S. 607, FinMBl. S. 505).

Auf Grund der Wahrnehmungen, welche im Vollzuge des Gesetzes vom 15. Juni l. J. die Einführung einer Besitzveränderungsabgabe für Gemeinden betr., seither sich ergeben haben, wird Nachstehendes eröffnet.

Dem Gesetze vom 15. Juni l. J. liegt zwar die Absicht zugrunde, den Gemeinden zur Bestreitung ihres erhöhten Aufwandes für öffentliche Einrichtungen und Anstalten eine neue Einnahmsquelle zu schaffen; gleichwohl waren dabei die gesetzgeberischen Faktoren der Auffassung, daß diese Einnahmsquelle nicht ohne weiteres für jede Gemeinde sich eigne und wurde deshalb die Einführung der Besitzveränderungsabgabe von der jeweiligen Genehmigung des K. Staatsministeriums des Innern abhängig gemacht.

Es besteht Anlaß, die Gesichtspunkte, von denen bei Erteilung jener Genehmigung ausgegangen wird, des näheren hervorzuheben:

1. Nach Maßgabe der Art. 39/30 Abs. 2 beider Gemeinde-Ordnungen ist die Besitzveränderungsabgabe unter die subsidiären Deckungsmittel für den gemeindlichen Bedarf zu rechnen; es ist deshalb vorausgesetzt, daß in einer Gemeinde nach ihren Vermögens- und Belastungsverhältnissen für die Einführung der Besitzveränderungsabgabe ein Bedürfnis gegeben ist.

Zu den Verhandlungen ist demnach die wirtschaftliche Lage des Gemeindehaushaltes in ähnlicher Weise, wie zu den Gesuchen um Genehmigung des Lokalmalz- und Bieraufschlages, nachzuweisen und mit den zwei letzten Rechnungen und Voranschläge der Gemeinden zu belegen.

2. Bei Erlaß des Gesetzes leitete ferner auch die Erwägung, daß mit der fortschreitenden Entwicklung mancher Gemeinden die Liegenschaften vielfach und nicht unerheblich im Werte steigen, daß die Vorteile der gemeindlichen Einrichtungen besonders in Städten dem Immobiliarbesitze in hohem Maße zugute kommen und daß es deshalb billig erscheine, wenn von solchen Liegenschaften im Anschlusse an die staatliche Besitzveränderungsgebühr oder das Äquivalent hiefür auch an die Gemeinde eine Abgabe entrichtet werde.

Es wurde dabei an jene Fälle gedacht, wo in Städten und deren Umgebung oder in Gegenden mit stärkerem Fremdenbesuche ein häufigerer Verkehr in Grundstücken stattfindet oder zu erwarten steht und wo namentlich auch Grundstücke mehr und mehr zu Bauplätzen bestimmt und als solche verwertet werden.

Dagegen lag es nicht in der Intention des Gesetzes, den landwirtschaftlichen Interessen irgendwie nahe zu treten und kann deshalb eine gemeindliche Besitzveränderungsabgabe da nicht angemessen sein, wo es sich bei dem Besitzwechsel fast durchweg nur um landwirtschaftliche Gebäude und Grundstücke handelt und die Abgabe demnach als eine neue Belastung des landwirtschaftlichen Besitzes aufzufassen wäre.

Ob und inwieweit derartige Verhältnisse und Voraussetzungen im Einzelfalle gegeben sind, ist in sachentsprechender Weise zu den Akten aufzuklären.

3. In Rücksicht auf den Zweck, dem die Besitzveränderungsabgabe in der Gemeinde dienen soll, ist es von Belang, daß auf einen beachtenswerten Ertrag derselben für die Gemeindekasse gerechnet werden kann.

Es ist deshalb im Benehmen mit dem K. Rentamte zu erheben und darzulegen, ob und in welcher Weise seither schon ein größerer Güterverkehr in der Gemeinde sich gezeigt hat oder ob und inwieweit ein solcher etwa in der Folge anzunehmen sei.

Letztere Voraussetzung muß aber im allgemeinen zutreffen; es kann nicht genügen, wenn nur vereinzelte zufällige Besitzveränderungen größerer Bedeutung in Aussicht stehen.

4. Zur Einführung der Besitzveränderungsabgabe in einer Gemeinde ist darauf zu sehen, daß die Beschlußfassung der Gemeindevertretung in rechtsgültiger Weise zustande komme, sowie daß die Beschlüsse in der vorschriftsmäßigen Form zur Beurkundung gelangen und zu den Akten gebracht werden; für die Landgemeinden rechts des Rheins wird dabei auf die Ministerialentschließung vom 26. März 1887 Nr. 1670 (Min. Amtsbl. S. 119) zur Nachachtung hingewiesen. Wo den gemeindlichen Beschlüssen die erforderliche Begründung und Ausführung zur Sache etwa schon beigefügt ist, kann von einem besonderen Berichte seitens der Gemeindeverwaltung abgesehen werden; auch ein Gesuch an das K. Staatsministerium des Innern ist nicht erfordert.

Seitens der Distriktsverwaltungsbehörden einschließlich der unmittelbaren Magistrate sind die Verhandlungen dem K. Staatsministerium des Innern mit Berichterstattung darüber direkt vorzulegen.

5. Die Erteilung der Genehmigung zur Erhebung der gemeindlichen Besitzveränderungsabgabe erfolgt in der Regel widerruflich; für den Fall daher, daß die in gegenwärtiger Entschließung bezeichneten Voraussetzungen in der Folge sich als nicht zutreffend erweisen oder in Wegfall kommen sollten, bleibt die Zurücknahme der Genehmigung vorbehalten.

Alphabetisches Register.

(Die Zahlen bedeuten die Seiten.)

J. Schweitzer Verlag (Arthur Sellier) München.

Annalen des Deutschen Reichs

für Gesetzgebung, Verwaltung und Volkswirtschaft

Rechts- und staatswissenschaftl. Zeitschrift und Materialiensammlung

Begründet von **Dr. Georg Hirth** und **Dr. Max von Seydel**

herausgegeben von

Dr. Karl Theodor von Eheberg und **Dr. Anton Dyroff**

Halbj.: 6 Hefte, **Mk. 10.—**. 12 Hefte (à 80 S.) bilden einen Band; Preis des Bandes **Mk. 20.—**, des einz. Heftes **Mk. 1.80.**

Die „Annalen“ wollen durch gleichmäßige Berücksichtigung von Gesetzgebung, Verwaltung und Volkswirtschaft richtige Kenntnisse der staatlichen und wirtschaftlichen Zustände und Bedürfnisse des Reichs und der Einzelstaaten in weitesten Kreisen verbreiten, das sachliche Interesse wachrufen, der ferneren Entwicklung vorarbeiten und anregend auf die Gesetzgebung selbst wirken. Zu wichtigen Fragen der Politik wird in sachlicher, vornehmer Weise Stellung genommen.

Für den heutigen Verwaltungsdienst sind die von großen Gesichtspunkten ausgehenden „Annalen“ unentbehrlich.

Das systematische und ein alphabetisches Gesamtregister

z. d. Jahrg. 1868—1902 bzw. 1868—1907 steht postfrei und kostenlos zur Verfügung

---

Fried, Rud., Assistent im bayer. Landesfeuerwehrbureau.

Die Wasserversorgung der Ortschaften besonders für Feuerlöschzwecke. Mit 82 Abbild. 8°. (II, 95 S.) 1903. Mk. **1.—**

Reubold, Rud., Kgl. Bezirksamtsassessor.

Feuerlöschtaktik für Landgemeinden. 4. Aufl. (52 S.) 1897. Mk. **—.30.** 20 Expl. **5.—.** 100 Expl. **20.—.**

Sammlung von Vorschriften f. d. Feuerbeschau-Kommissionen in Bayern. **2. Aufl.** 1903. Mk. **—.40.** 20 Ex. Mk. **7.—.** 50 Ex. Mk. **15.—.** 100 Ex. Mk. **25.—.**

Yblagger, L., Kgl. Rentamtmann in Eichstätt.

Gesetz, betr. die Fortsetzung der Grundentlastung nebst den Novellen vom 12. Dezember 1899 u. 10. August 1904 rc. gr. 8°. (VII, 77 S.) 1905. Kart. Mk. **1.80.**

Pohl, Karl, Rechtsanwalt und rechtskund. Bürgermeister a. D.

Handbuch des Staats- und Verwaltungsrechts für das Königreich Bayern. Mit besonderer Rücksicht auf die Geschäftstätigkeit der rechtsrheinischen Gemeindebehörden sowie auf die einschlägige Literatur und Rechtsprechung. gr. 8°. (VIII, 616; 753 S.) 1898/1900. 2 Bände. (Mk. 17.30; geb. Mk. 20.—) herabgesetzt Mk. **5.**—; geb. Mk. **8.**—

Blätter für administrative Praxis. 1897. Nr. 11. Der Verfasser hat die richtige Mitte zwischen Wissenschaftlichkeit und Gemeinverständlichkeit getroffen, indem er, gestützt auf gründliche Fachkenntnisse und eine zwanzigjährige Erfahrung als Gemeindebeamter, die Rechtsmaterien in allgemein verständlicher Weise behandelt und beleuchtet und die Ergebnisse der wissenschaftlichen Durchforschung und der praktischen Auslegung des Gesetzes klar und übersichtlich vor Augen führt. W. L.

Pfordten, Theod. von der, Kgl. Landgerichtsrat in München.

Das **bayer. Gesetz** betreffend die **Zwangserziehung** vom 10. V. 1902 nebst den Ausführungsbestimmungen. Mit Einleitung, Erläuterungen u. Sachregister. 8°. (IV, 125 S.) 1902. geb. Mk. **2.**—.

Vom Kgl. b. Staatsministerium des Innern (Amtsbl. 1902 Nr. 35), Kgl. b. Justizministerium (JMBl. 1903 Nr. 8) und Kgl. b. Kultusministerium (MinBl. 1902 Nr. 39) empfohlen.

Oefele, F. X., Kgl. Regierungsrat in Landshut.

Das Gewerbe-Unfallversicherungsgesetz und das Bau-Unfallversicherungsgesetz nach dem Gesetze betr. die Abänderung der Unfallversicherungsgesetze vom 30. Juni 1900. gr. 8°. (VIII, 447 S.) 1902. In Ganzl. geb. (Mk. 10.—) herabgesetzt Mk. **4.**—.

Laß, Dr. jur. Ludw., Kaiserl. Regierungsrat im Reichsversicherungsamt zu Berlin und

Maier, Dr. jur. Rud., Referent im Kaiserl. Aufsichtsamt für Privatversicherung.

Haftpflichtrecht und Reichsversicherungsgesetzgebung. Zum praktischen Gebrauche bearbeitet. Zweite völlig umgearbeitete Auflage. gr. 8°. (XX, 303 S.) 1902. Mk. **7.20**; in Ganzleinen gebunden Mk. **8.20.**

J. Schweitzer Verlag (Arthur Sellier) München.

Buchert, Karl, Rat d. K. b. Verwaltungsgerichtshofes.

Sammlung in der Praxis oft angewandter Verwaltungsgesetze nebst einer Anzahl derartiger Verordnungen ꝛc. für Bayern. In einem Bande unter Berücksichtigung aller bisherigen Aenderungen nach dem nunmehr gültigen Texte mit Beifügung eines Sachregisters zusammengestellt. 2. vermehrte und ergänzte Auflage. gr. 8°. Mit Anhang (Wassergesetz, Gebührengesetz, Kinderschutzgesetz). (VIII, 1552 S.) 1906/07. In Halbfr. geb. Mk. 13.—.

Jaeger, Dr. E., Professor der Rechte in Leipzig.

Das Bürgerliche Gesetzbuch mit Nebengesetzen und einem Gesamtregister für den akademischen und praktischen Gebrauch. 1900/3. (Ergänzt durch die Novellen z. PersStandGes. vom 14. IV. 1905, z. GVG. u. ZPO. v. 5. VI. 1905, z. GBO. v. 14. VII. 1905). Ausgabe für Bayern. Mit Nachtrag. 86 Reichs- und Landesgesetze. gr. 8°. (XII, 1653 S.) 1903. In Halbfr. geb. Mk. 13.50.

Allfeld, Dr. Ph., Universitäts-Professor in Erlangen.

Die Strafgesetzgebung des Deutschen Reichs. Sammlung aller Reichsgesetze strafrechtlichen und strafprozessualen Inhalts mit einem Gesamtregister. Für den akademischen Gebrauch und die Praxis. Vollständige Ausgabe mit Nachtrag. 152 Gesetze. gr. 8°. (IX u. 1349 S.) 1903. In Halbfr. geb. Mk. 11.50.

Schmidt, Dr. Gg., Kgl. Regierungs-Assessor im Kgl. bayer. Staatsministerium des Kgl. Hauses und des Äußern.

Die Militärgesetze für Bayern. Nach dem neuesten Stande der Gesetzgebung. gr. 8°. (VIII, 942 S.) 1906. In Halbfr. geb. Mk. 12.—.

Schmitt, Gottfr., Ober-Regierungsrat im Kgl. bayer. Staatsministerium der Justiz.

Bayerische Justizgesetze. Sammlung der in den Jahren 1818 bis 1904 erlassenen Landesgesetze für die Rechtspflege nach dem Stande am Ende des Jahres 1904. gr. 8°. (VIII, 1464 S.) 1904. Gebd. in Hlbfrz. Mk. 18.—.

J. Schweitzer Verlag (Arthur Sellier) München.

Lindner, Franz, Kgl. Landgerichtsrat und

Dr. Thomas von Hauck, weil. Kgl. Oberstaatsanwalt am Verwaltungsgerichtshofe.

Erläuterungen zur Bayerischen Gemeindeordnung für die Landesteile diesseits des Rheins. Dritte, nach dem neuesten Stande der Gesetzgebung bearbeitete Auflage. gr. 8°. (VII, 642 S.) 1901. Mk. **7.50**; in Ganzl. geb. Mk. **8.50.**

Die Bedeutung des Lindner-Hauckschen Kommentars zur Gemeindeordnung für Wissenschaft und Praxis ist allgemein anerkannt. Für die Praxis eignet er sich besonders auch deshalb, weil er die richtige Mitte zwischen einer kleinen Handausgabe und einem ausführlichen Kommentare hält.

Kutzer, Th., I. rechtskund. Bürgermeister der Stadt Fürth i. B.

Das bayerische Heimatrecht mit dem einschlägigen Rechte der Verehelichung und des Aufenthalts, systematisch dargestellt und durch Beispiele erläutert. gr. 8°. (620 S.) 1905. In Ganzl. geb. Mk. **10.—.**

Wirschinger, L. F., Kgl. Bezirksamtmann a. D.

Das Jagdrecht des Königreichs Bayern für das rechtsrheinische Bayern und die Pfalz systematisch bearbeitet. gr. 8°. (XII, 425 S.) 1902. Mk. **6.80**; in Ganzl. gebunden Mk. **8.—.**

Englert, Dr. Ferd., Ministerialrat.

Sammlung von Vorschriften für Standesbeamte im rechtsrhein. Bayern mit den in 4. Aufl. bearbeiteten „Ratschlägen zur Führung der Standesregister“. Hoch 4°. (141 S.) 1900. Kart. Mk. **2.20.**

— — Dasselbe. Ausgabe für die Pfalz. Kart. Mk. **2.50.**

Engelhart, Dr. F.

Die polizeilichen und steuerrechtlichen Bestimmungen für Kraftfahrer mit besonderer Berücksichtigung der bayer. Verhältnisse zusammengestellt, mit Einleitung und Sachregister versehen. 8°. (72 S.) 1906. Kart. Mk. **1.50.**

Lindner, F., Stadtsekretär in Wasserburg a. Inn.

Der Gewerbeaufsichtsdienst bei den Ortspolizeibehörden. Handbuch mit Taschenlexikon und auswechselbarer Revisionsübersicht. 2. Aufl. 8°. (VI, 165 S. u. Uebersicht.) 1907. Geb. **2.50.**

= Empfohlen vom K. B. Staatsministerium des K. Hauses und des Äußern. =

FSC
www.fsc.org
MIX
Papier | Fördert gute Waldnutzung
FSC® C083411

Kolibri 360 GmbH
Ferdinand-Jühlke-Straße 7
99095 Erfurt, Deutschland
produktsicherheit@kolibri360.de